JN240768

願いも夢も叶える

本当の脳の使い方

Kaco Fujita
藤田かこ

あるところに
キラランとリラランという
双子の姉妹がいました。

キララとリララには、
共通した憧れの女性
「ミランダ」がいます。

ミランダはモデルの仕事をしていて
自分でアパレルの会社も経営。
子どもたちへの寄付など
社会貢献活動もしています。

キララとリララは
いつもミランダの話をしています。

「この前の雑誌でミランダが着ていたセーター、かわいいよね！」

「ミランダは野菜しか食べないんだって！」

「ミランダがＣＭをしていたシャンプー、今度使ってみようよ～」

ある休日の日。
キララは美容室に行って
ミランダと同じ髪型にしました。

リララはそれを見て
「かわいい」と思いながらも
なんだかキララにはいまいち
似合っていないように思いました。

ミランダは丸顔ですが、
キララとリララは面長だったのです。

リララは
ミランダとは違う髪型、
より自分の顔立ちに合った髪型にしました。

また別の休日の日。
キララはプロのメイクさんに教わって
ミランダと同じメイクをしました。

リララはそれを見て
「かわいい」と思いながらも
なんだかキララにはいまいち、
似合っていないように思いました。

ミランダは二重まぶたですが
キラランとリララは
一重まぶただったのです。

リララは
ミランダとは違うメイク、
より自分の一重を活かす
メイクを教わりました。

そして、キララはあるとき、
憧れのミランダと同じように
アパレルの会社を立ち上げました。

リラはそれを見て
すごいと思いながらも
これまでの自分の得意や経験を
活かした仕事をしたくて、
会社勤めをやめませんでした。

ミランダが使っている化粧品やシャンプー、
食べているものまで知っているほど
キララもリララも
ミランダのことが大好きでした。

そして、何年かの時間が流れ……。

リララは素敵なパートナーを見つけて
結婚しました。
家庭と仕事を両立し、
さらに、もともとやりたかった
アクセサリーブランドを設立！
その一部で寄付活動をはじめて
幼少期の理想の未来を
すべて叶えていました。

一方、
キララはお付き合いをしても
すぐに別れてしまっていました。
アパレルの会社もうまくいかなくて、
気が付いたら、
仕事を失っていました。

「ミランダがやっていることを
取り入れて頑張っているのに……。
どうしてうまくいかないんだろう」
なんだか、自分だけがダメな気がして、
キララは落ち込みました。

さて……。
キララとリララは
何が違っていたのでしょう？

その答えは！
「脳の使い方」です。

はじめに

こんにちは、藤田かこです。

私はこれまで５０００人以上の方に、

「本当の脳の使い方」をお伝えしてきました。

脳の使い方というと、

「頭が良くなる方法のこと？」
「情報処理能力を高めること？」
「目標達成するようなポジティブな考え方のこと？」

そんなふうに聞かれることもよくあるのですが、どれも間違ってはいません。

ただ、私の言う脳の使い方は、

よりあなたの願いや夢を叶える本当の脳の使い方です。

本当の脳の使い方がわかると、まるで魔法にかかったように願いも夢もスルスルと叶って、あっという間に現実が変わっていきます。

私は、このことをまさにパラレル（世界が）が変わる、

パラレルジャンプと呼んでいます。

1000億個以上の神経細胞がある脳は、脳科学の分野では、

① 3～5％の顕在意識

② 95～97％潜在意識

そして、

③ 8％の潜在意識を超える超無意識（脳タイプ）

に分けることができます。

私はこの潜在意識を超える超無意識を「脳タイプ」と名付けて、16種類に分けています。

それぞれの特徴から、たとえば、

・頑張らないとお金が入ってこないと思ってしまう「昭和脳」、
・お金がほしいと思っているのに反対に出て行ってしまう「逆引き寄せ脳」、
・過去の失敗や失恋を引きずっている「過去脳」、

などと呼んでいますが、いま現在の自分の脳の状態、脳タイプを知ること、そして、その脳タイプに合った本当の脳の使い方をすることがとても重要です。

いきなり、「脳の使い方」「脳タイプ」と言っても、今はまだピンと来ないかもしれません。

でも、このことをわかっていないと、冒頭の物語のキララのように、

・憧れの人と同じようにしているのに、なりたい自分になれない
・頑張っているのに叶えたい未来にならない
・引き寄せメソッドをやっているのに、理想のパラレルから遠く離れた現実

というふうになってしまいます。
もちろんキララが悪いわけではありません。

もし、あなたが、これまでいろいろなメソッドを試して、引き寄せや潜在意識の書き換え、ノートや内観術、アファメーションなどを頑張っていたのに、理想の未来を叶えられなかったとしたら、キララと同じように！
ただただ**「本当の脳の使い方」**を知らなかったのです。

自分に合った「脳の使い方」

理想の未来を叶えられるなどというと、

「そんなこと、夢物語……」
「願望実現系の本なら、さんざん読んだ」
「本だけじゃなく、セミナーやイベントにも参加した」
「セミナーやイベントに参加するだけじゃなく、高額の講座も受講した」
「人気のインフルセンサーやYouTuberのメソッドだって試した」
「さんざんやったけど、でも何も変わらなかった……」

こんな声も聞こえてきそうです。
では、ここで質問です。

キララとリララがミランダに憧れていたように、あなたには、憧れの女優さんやモデルさん、インフルエンサーさんなどはいますか？

憧れの人がいるって素敵ですよね。

ですが、あなたは、その憧れの誰かを「正解」にして、その人のマネをしていませんか？

憧れの誰かがすすめる方法やノウハウを、どうにかマスターしようと頑張っていませんでしたか？

じつは、私がそうでした。

かつての私は、憧れのインフルエンサーさんや引き寄せを教えてくれる先生のもとに通って、教えてくれたとおり、願いをノートに書いたり、手帳に書いたりしていたのですが、ぜんぜん叶わなかったのです。

それは、インフルエンサーさんや引き寄せの先生が悪いのではなく、ただただ、自分に合った本当の脳の使い方を知らなかったから。


たとえば、化粧水やシャンプーを買うとき、あなたは自分の肌や髪質に合うものを選びませんか。

ときには、好きなタレントさんやモデルさんが使っているのと同じものを選ぶこともあるかもしれません。

でも、合わないと思ったら、やはり、自分に合うものを探しませんか。


カサカサ肌なのに、好きな女優さんが使っているからといって、サッパリする化粧水を使っていたら大変なことになってしまいますよね。

そうです、化粧水やシャンプーに限らず、**私たちは本来、自分に合うものを選びたいと思っています。**

サプリメントやダイエット法、身体を鍛えることだって、**自分に合った方法を選びたいと思っています。**


いつも使うものは、自分に合ったものを選びたいと思っている。

それなのに、理想の未来や願いを叶えることになると、なぜか急に！

インフルエンサーさんや憧れの人がやっている方法や、世間で言われている願望実現、ノウハウをやらないといけない！

そう思ってしまっているのです。


でも、よく考えてみてください。

肌や髪質が違うのと同じように、生まれ育った環境も違えば、価値観や考え方も違うのですから、願いの叶え方や理想の未来を叶えていく方法も、それぞれに違っているはずです。

たくさん学んでノウハウを頑張って実践しているのに、ぜんぜん願いが叶わない。

それは、その方法やノウハウが悪いわけではなく、もちろんあなたが悪いわけでもなく、ただ、**あなたに合った本当の脳の使い方をしていない**、ということです。

大切なことなので、もう一度、言いますね。

あなたに合った本当の脳の使い方じゃない、ということです。

脳は自分で変えられる

今がどんな状況でも、何歳でも、本当の脳の使い方がわかれば、思いどおりの人生を送ることができます。

脳の使い方は、特別な魔法や根拠のないあやしいものではありません。

現在進行形で、世界中で研究が進められているテーマのひとつです。

あなたは、「脳は、死ぬまで成長する」と言われていることを知っていますか。

残念ながら、脳は外側から見ることはできないので、どれだけ鍛えてもなかなか自分ではわからないのですが、脳も体の一部です。

筋肉を鍛えるのと同じように、自分で変えていくことができます。

最近の研究では、前頭前野や海馬といった脳の一部は、大人になっても細胞が増えて成長することがわかってきています。

そして脳が変化するのは、10代や20代の特権ではありません。

50代や60代でも、いくらでも脳は変えられます。

もし、あなたが願いや目標を叶えるために、もっと幸せになるために、たくさんの時間やお金をつかって頑張ってきたなら、こうお伝えします。

おめでとうございます！
ようやく、あなたが、あなたのままで
本当に幸せになる番がやってきました！

この本でお伝えする本当の脳の使い方は、これまでいろいろ頑張ってきたけれど変われなかった、
というマジメなあなたにピッタリの内容です。

今この瞬間、どんな状況で、どんなあなたであってもオールオッケーです。
あなたの理想、叶えたい未来は、本書でお伝えすることを実践するだけで、頑張らなくてもマルっと叶っていきます。

脳の使い方を学ぶのに遅すぎることはありません。
「脳の使い方を意識したことがなかった」というなら、伸びしろは無限大！
チャンスしかありません。
あなたも本当の脳の使い方を学んで、自分史上最高の人生を手にしませんか。

著者

もくじ

キラリとリララ

はじめに

第1章
人生を思い通りにする
脳のすごい力 ―― 43

お決まりのパターンを解除 44
本当の脳の使い方を知らないと沼る 48
変わりたいと思う本当の理由 53
頑張っているのに変われない理由 58
1 脳は「入口」と「出口」が一緒になることを知らない 59
2 変わらない自分を無意識に選択している 64
3 本当の幸せが何かわかっていない 68

第2章

脳タイプと本当の脳の使い方

75
理想を叶える本当の脳の使い方 76
脳の使い方が思考や行動のクセに 81
昭和脳と完ぺき脳 87
事実はひとつでも、解釈は無数 91
方法やメソッドの前に脳の状態 97
【ワーク】過去の解放を自由自在に変えていくワーク 101

第3章

16種類の脳タイプ

16種類の脳タイプ 109

器を変えれば願いは叶う！ 110

願望実現が難しい3つの脳タイプ 114

1「逆引き寄せ脳」 116

2「昭和脳」 117

3「過去脳」 119

願望実現しやすい3つの脳タイプ 121

4「プリンセス脳」 121

5「未来クリエーション脳」 123

6「マイラブ脳」 125

16種類の脳タイプ 127

脳タイプを診断してみましょう 137

【ワーク】人生の「パターン」を探索ワーク 140

第4章

脳内でブレーキをかけるアイツら――145
そう思っている状態と思おうとしている状態　146
アイツらの正体とは？　152
あなたは、エゴにブレーキをかけられている？　156
どうしてエゴとホメオが出てくるの？　161
幸活のすすめ　164
【ワーク】陰に光を当てる陰陽逆転ワーク　170

第5章

エゴとホメオとの正しい付き合い方 ――― 177

エゴとホメオの正しい取り扱い 178
攻略法1 「構成要素変化ワーク」 183
攻略法2 「エゴとホメオの擬人化」 192
攻略法3 「ランダムウォーク」 199
攻略法4 「フラクタル戦略」 203

第6章

パラレルジャンプする脳の使い方 —— 209

未来パラレルアクセス 210
STEP1 1つ目のひとりグループLINEをつくる 210
STEP2 大きな夢や望みのパラレルをLINEする
STEP3 聞きたいこと、悩んでいることを問いかける
STEP4 2つ目のグループLINEをつくる
STEP5 日常のパラレル設定をLINEする
STEP6 日常設定でも問いかける
きれいな花火を「きれい」と感じる 220

第7章

本当の脳の使い方 Q&A ―― 227

質問1 お金を引き寄せしたいです。 228

質問2 お金の引き寄せをもっとしたいです。 229

質問3 本当に好きなことを見つけたいです。 230

質問4 理想の恋愛をなかなか引き寄せられません。 231

質問5 パートナーがいるのに、別の人が気になっています。 232

質問6 理想の職場や収入を得たいけど、現状から抜け出せません。 234

質問7 豊かさパラレルジャンプする現実的な方法が思いつきません。 236

質問9 パラレルジャンプして復縁することは可能ですか？ 237

質問10 夫との関係、彼との関係を変えたいです。 241

質問11 職場でどうしても苦手な人がいます。 244

お約束

この本では、あなたの願いを叶え、史上最高のあなたを体験し、理想のパラレルを生きるための本当の脳の使い方をお伝えします。

パラレルジャンプしていただくために、最初に3つだけお約束してください。

☆1つ目

読んでいるうちに、聞いたことがあることや知っていることも出てくると思います。

ただ、脳は聞いたことがあるという「知識レベル」は本気にしてくれないので、

「あ～、それなら聞いたことがある」

「知っている」

などと思った瞬間にシャットダウンしてしまいます。

今回はどうしたら、毎日のなかで生活に取り入れられるか、日常で体感できるかを意識してみてください。

☆2つ目

読んでいると、逆に

「あれ、わからないな〜」

「ついていけないな〜」

「消化できないかも」

と思うこともあるかもしれません。

でも、じつは、それは、あなたの脳が変化する前触れ！

つまり、大チャンスなのです。

わからないと思ってからが脳の本番なので、気にせず、どんどん読み進めてみてください。

☆3つ目

とにかく心をオープンにして、ゆるみながら読んでいきましょう。

最初から最後まで、一気に読もうとしなくても大丈夫！

毎日1ページでもオールオッケー。

じつはコレ、「本当の脳」を働かせるためにも重要なことです。

あなたの脳タイプは？

あなたの脳タイプを診断してみましょう。この「パラレル脳タイプ診断®」は、16種類の脳タイプを4分類した簡易的なものですが、これだけでもあなたの脳の特徴がわかります。

診断すると何がわかる？

・脳の特徴と強み！
・お金を生み出しラクラク引き寄せるヒント！
・今より豊かさを加速する本当の脳の使い方！

パラレル脳タイプ診断

https://qa.judge-hub.com/qa/gsrav/f4e255be-0297-4b31-8795-7c8a7393a5a5/esh

第1章

人生を
思い通りにする
脳のすごい力

お決まりのパターンを解除

脳には、人生を思い通りにするすごい力があります。

普段、あなたは脳を意識することはあまりないかもしれませんが、脳の使い方ひとつで、心配や苦労が減ったり、物ごとがスムーズに進んだり、本当に人生が変化します。

逆に言うと、本当の脳の使い方をわかっていないと、しなくても良い心配が増えたり、必要以上に大変な目にあったり、なんだかうまくいかないということにもなってしまいます。

そのくらい、脳にはすごい力があります。

子どもの頃の夏休みの宿題を思い出してみてください。

あなたは、余裕を持って宿題を進めるタイプでしたか。

それとも夏休みの最後になって慌てるタイプでしたか。

私はなかなかやる気が出ずに、毎年、最後の３日ですべての宿題を片付けていました。

親には「コツコツやりなさい！」とよく怒られましたが、ラスト３日になって追い込まれた状況になると、「やるしかない！」とスイッチが入って、自分でも驚くほどのエネルギーが出ていました。

夏休みの宿題に限らず、ダイエットもそう。

どれだけ「ダイエットするぞ！」と気合いを入れてもなかなか痩せられなかったのですが、結婚式前に一気にやせたことがあります。

期限ギリギリでやることの良し悪しはさておき、**私たちは気づかないうちに、脳の特定の部分ばかりを使って、自分のお決まりのパターンで生活しています。**

これは、もはや無意識にしていることです。

脳は自分を守るために機能しているので、過去に経験してきたことの中から、安全なものや楽なものを選ぶ傾向があります。

ラスト3日で驚くほどのエネルギーが出たという夏休みの宿題の経験が、「結婚式のダイエットもギリギリでも大丈夫」という思考を無意識のうちにつくり出しているのです。

もし、脳の使い方を変えることができれば、

最後の日に慌てていた
←
前もって進めるようになる

前もってやっていたけれど膨大な時間がかかった
←
ギリギリまでやらないでサクっと短時間で終わらせる

こんなふうに思い通りに現実を変えていくことができます。

ですから、

「いつも時間に追われてしまう」

「頑張っているのに変われない」

「理想に近づけない」

などの悩みも、脳の使い方がお決まりのパターンになっていることが原因かもしれません。

脳は意地悪をしているわけではなく、あなたを守るために、これまでの経験をもとに、これまでと同じように思考するように機能しているだけです。

自分の脳タイプを知って、本当の脳の使い方がわかれば、こうしたお決まりのパーンの解除は簡単にできます。

つまり、本当の脳の使い方をすれば、頑張らなくてもスルスルっと簡単に変わっていけます。

本当の脳の使い方を知らないと永遠に沼る

「本当の脳の使い方？」
「脳タイプ？」
「脳の使い方に本当とかあるの？」

そう思ったあなたは、願いを叶えて、理想のパラレルを生きるためのスタートラインにもう立っています。

１０００億個以上の神経細胞がある脳は脳科学的には、

（１）３〜５％の顕在意識
（２）95〜97％の潜在意識

そして、

（３）８％の潜在意識を超える無意識（脳タイプ）

に分けられます。

顕在意識は自分で自覚している意識のことで、論理的な思考や判断などはすべて顕在意識によるものです。

潜在意識は、普段は意識していない意識のこと。

感情や感覚、記憶や想像力なども含まれ、過去の考えや体験、感情などが蓄積されています。

器に盛り付けられた大盛りのご飯をイメージしてみてください。

器からはみ出ている大盛りの部分が顕在意識、お茶碗の中に隠れている部分が潜在意識です。

そして、**顕在意識と潜在意識を入れている器が３の超無意識**です。

私はこの超無意識を、その特徴から16種類の脳タイプに分けて、「昭和脳」「逆

引き寄せ脳」「プリンセス脳」などと名付けています。
いろいろな現実をつくる器でもある超無意識は、それぞれのタイプに合った使い方＝本当の脳の使い方があります。

このことをわかっていないと、かつての私が沼にハマッていたように、どれだけトイレ掃除をしようと、ほしいものをノートに貼り付けようと、願いが叶っている自分をイメージしようと、なかなか現実は変わりません。
かつての私は、スピリチュアルをテーマとする本などでよく見かける「やると良い」と言われていることは、すべてと言ってもいいほど頑張っていたのです。

・「私はお金持ちです」とノートに１００回書く
・金運が上がると言われているおトイレ掃除を素手でする
・手帳に「臨時収入１００万円」と書く
・買いたいものをすべてノートに貼ってビジョンノートを作る
・満月にお財布をふり、新月に願いことをする

などなど、あげればキリがないくらい、あらゆることを頑張りました。

でも、現実は微動だにせず……。


「なんでなんだろう」

「もしかして、これってカルマ？　ブロック？」

「前世レベルで何かある？」

「もっとすごい方法を見つけなきゃ！」

そして、また本を読みあさり、セミナーへ行く。

まさに「こじらせ女子」でした。

そんな状況が、自分に合った本当の脳の使い方をするようになって、人生がまさに激変したのです。

それまで何をやっても、どれだけ頑張ってもダメだったことが、自分でも驚いてしまうほどあっさりと解決していきました。


ですから、もし今、幸せを感じられていなかったとしても、自分らしい生き方ができていなかったとしても、満たされない気持ちを抱えていたとしても、安心してください。

あなたは**オールオッケー**です。

脳は誰でも毎日使っているものだから、その使い方を変えるだけで、今この瞬間から変わることができます。

変わりたいと思う本当の理由

それにしても、どうして私たちは変わりたいと思うのでしょう？

それは、私たちの魂が、本当の自分を生きる別のパラレルワールドがあることを知っているから。

私はそう考えています。

パラレルワールドと聞くと、

「それって、アニメの世界？」

などと思うかもしれませんが、この宇宙には何兆、何億という無数のパラレルワールドが存在しています。

プリンストン大学のヒュー・エヴェレット博士は、パラレルワールドについて、次のように解説しています。

パラレルワールドとは、ある世界・時空と並行して存在する別の世界・時空のこと。

私たちの宇宙と同一の次元を持っている。

量子のもつれによって相関した多数の世界を相対状態として、波動関数に記述しており、それらの世界同士はお互いに干渉できないまま常に並している。

観測者のひとつの世界の主観では、それと相関した世界のみが観測可能な世界であって、相関していない他の世界は観測できない。


この説に則って考えると、私たちの世界も何兆、何億と無数にあって、今、選択しているパラレルは「自分の脳波や自分の脳タイプに合ったところだけ」ということになります。

ちょっと想像してみてください。

もし生まれたときからテレビの放送局が1社だけで、ＮＨＫしか見られない状況だとしたら、あなたは「違うチャンネルを見たい」と思いますか？

生まれたときから1チャンネルしかなければ、違うチャンネルがあることを知らないので、「違うチャンネルを見たい」とは思えないはずです。

「こんな毎日はイヤだ！」
「変わりたい」
「本当の私でいたい！」
「今と違うパラレルへ行きたい」

そんなふう思うというのは、**違うパラレルがあることを本当のあなたが知っているから。**

これが変わりたいと思う真の理由です。

あなたのパラレルワールドにないものなら、その存在にすら気づけないので、「そうなりたい」とはそもそも思えないのです。


「いや、そんなことなはいでしょう」

そう思うかもしれませんが、では、あなたはこれまでの人生で、「日本中のみんながアッと驚くようなミステリー小説を書いて、世の中を震撼させたい！」

そう思ったことはありますか。

ほとんどの方は「そう思ったことはないなぁ」と言うのではないでしょうか。

私も本を読むのは大好きですが、「ミステリー小説を書きたい」と思ったことはありません。


ですが、これは私の講座生・朋花さん（仮名）の魂の願いなのです。

朋花さんは小学生のときからこの願いを叶えたくて、そのためなら「一生同じ洋服でもいい！」というくらい、ミステリー小説を書くことに燃えています。

朋花さんの願いは、彼女にとってみたら「絶対に叶えたい願い」です。

でも、あなたにとってみたら、「そんなこと、思いもつかなかった」「人生で１回も考えたこともなかった」となるかもしれません。

ちなみに、朋花さんは脳の使い方をマスターし、見事！

この願いを叶え、ミステリー小説家としてデビューされました。

そう、つまり！

あなたのパラレルワールドに、すでにあるものしか「なりたい」と思えないのです。

ですから、少しでも憧れていたり、こんなふうになりたいと思っていたりすることがあるなら、それはもう、「そのパラレルワールドがある証！」です。

あなたはこんなふうに思うかもしれません。

「もし、パラレルワールドが本当にあって、願いをすべて叶えている私がもう存在しているなら、早くその世界に行きたい！」

「すぐにでも理想のパラレルワールドに行きたいのに、行けないのはどうしてなの？」

その答えこそ、脳タイプと本当の脳の使い方にあります。

今の脳タイプから変化させて、本当の脳の使い方をすることで、理想のパラレルにチャンネルが合って、ポーンと移行できるのです。

頑張っているのに変われない理由

「なりたい自分に近づける」

「理想のパラレルにポーンと移行できる」

そうお伝えしても、これまでいろいろと頑張っている人ほど、反射的に「ムリかも」「あやしそう」などと思ってしまうものです。

これも含めて脳タイプなので、オールオッケーなのですが、頑張っても変われなかったのには、ちゃんと理由があります。

その理由を脳の特徴を踏まえながらお伝えしますね。

変われない理由１　脳は「入口」と「出口」が一緒になることを知らない

たとえば、「ツイていると１００回言うと願いが叶う」と聞いたことはありませんか。

かつての私は、これを聞いて１日１０００回、「ツイている！」と言っていたことがあります。

でも、現実はツイていることが起こるどころか、カードの支払いができずにケイタイを止められて……と、ツイていないことがどんどん起きていました。

なぜだと思いますか。


言葉には力があり、言葉は魔法です。

言霊というように、言葉には力があるので「ツイている」など、良い言葉を口にすることはとても効果的です。

ただもっと大事なのは、それを言うときの脳の状態、脳タイプなのです。


脳は「入口」と「出口」が一緒になるという特徴があります。


たとえば、「私はツイている！」と100回言うとき、

「本当にツイていない……」

「こんな現状がずっと続いたら、どうしよう……」

「変わりたいけれど変われるかな、不安……」

などと思っていると、これが入口になるので、

「本当にツイていない……」

「こんな現状がずっと続いたら、どうしよう……」

「変わりたいけれど変われるかな、不安……」

という現実が出口として現れます。


そもそも本当にツイているなら、100回も「私はツイている！」などとは言わないはずです。

ツイている自分が当たり前になっているから。

もしかすると「本当にツイているな〜、感謝だな〜」と1回くらいは言うかもしれませんが、連呼はしないですよね。

それは、あなたが「私は人間です！」と100回も言わないのと同じです。

自分にとって当たり前のことは言わないものです。


どんなに良い言葉も、それを言うときの脳の状態が、現実の問題や不安から逃げたい、何とかしたいという「不安」や「心配」が前提なっていると、願いが叶うどころか、どんどんツイていない状態、不安な状態になっていきます。

脳は入口と出口が一緒。

だから、「何を言うか」「何をするか」よりも、脳の入口（前提）を確認することがとても大切です。

憧れのインフルエンサーさんや著者さんが、願望実現のためにやると良いと言っていることを実践するにあたっても、まず自分の脳のタイプを整えることが大前提です。

キララが立ち上げたアパレルの会社がうまくいかなかったのは、ミランダのマネをしたことが悪かったのではなく、会社を立ち上げるときのキララが心配や不安でいっぱいだったからです。

どんなに素晴らしい手法もノウハウも、自分の脳の前提、脳タイプが整わな

い状況でやると、逆効果になってしまうのです。

そして、インフルエンサーさんや著者さんがそこまで言わないのは、あえて隠しているのではなく、意地悪で言わないのでもなく、もともと脳が整っていて、自分に合うものがわかっていて、自分に一致しているものを取り入れているからです。

それは、超高級化粧品でも、あなたの肌に合わないものを続けることは、ストレスでかえって肌が荒れてしまうのと一緒です。

どんなに良いパイナップルの苗でも、北海道の畑で育てるのは簡単ではありません。

これと同じで、良いメソッドや方法も、もともとの土台である、あなたの現在の脳の状態、脳タイプが整っていないと活かしきれないのです。

だからこそ、手法やノウハウよりも、脳の使い方が先なのです。

変われない理由2

変わらない自分を無意識に選択している

茨城県に住む50代の望美さん（仮名）は、旦那さまと息子さんと3人で暮らしていますが、旦那さまのモラハラに長年悩み続けています。


「おまえは世間を知らなすぎる！」

「おまえはバカだから自立できない！」

「おまえは世の中の負け組だ！」


こんな暴言は日所茶飯事。

望美さんは「子どもが学校を卒業して、自立したら絶対に離婚する」と決めて、ずっと耐え忍んで離婚の準備を進めていました。

そして、お子さんが学校を卒業して、いよいよ独立した頃、望美さんに離婚のことを聞いてみたのです。

ところが、「子どもが自立したら絶対に離婚する！」と言っていた望美さんは、「今やりはじめているビジネス（化粧品関係のビジネス）で、月収が１００万円になったら離婚します」

と話が変わってしまっていました。

「夫は悪い人じゃない」
「愛はないけれど情はある」
「私はいつになったら離婚するんですかね……」

こうしたことは、望美さんに限った話ではありません。

変わりたいと言いつつも現状維持すること＝変わらないことを、脳は往々にして選択するのです。

先に「お決まりのパターン」の話をしましたが、脳にはもともと現状維持機能があるので、変わらないほうが安定で、安心なのです。

「お金がほしい」「自由になりたい」「本当の愛がほしい」などとあなたが思うと、あなたの脳はこういうのです。

「お金がほしい。
自由になりたい。
本当の愛がほしい。
そうやって言い続けたいのですね！」

そして、もっとお金がない、もっと自由がない、もっと愛を感じられない現実を固定して、「お金がほしい」「自由になりたい」「本当の愛がほしい」と言い続ける現実を創り続けます。

「変化したい私」「変わりたいけれど変われない私」のパラレルに、怖いくらいあなたを縛り付けるのです。

これは脳の自動反応のままに、無意識で現状を選び続けているということ。

望美さんもいつも「自由になりたい」と言いながら、自分で旦那さまに支配される状態＝自由にならない状態を選択していました。

ただ、望美さんはやがてそのことに気づいて、ついに離婚を選択。

その後、素敵な出会いもあって、今ではお仕事も絶好調で波に乗っています。

「離婚したいと言いながら、離婚できない私をやり続けていたのですね」

「脳の使い方を知って、一歩踏み出して本当に良かった」

そう話す望美さんは、もう以前の望美さんとは別人です。
この話は、けっして離婚をすすめているのではありません。

脳の自動反応のままに、変わらない現実を無意識で選び続けている。
そのことに気づくことが何よりも大切です。

もし、「変わりたい」と思いながらも今の状態が1年以上続いていて、同じところをグルグルとしている、あるいはどんどん悪くなっていると感じるのなら、あなたも現状の脳タイプや本当の脳の使い方を知るタイミングかもしれません。

変われない理由3　本当の幸せが何かわかっていない

頑張っているのに変われない理由として、「自分にとっての本当の幸せが何かわかっていない」ということもよくあります。

私は毎日のようにセッションをしているのですが、約９割の方にこういうお悩みがあります。

「好きなときに、好きなところに行ける自由な時間とお金がほしい」
「お金のことを気にせずに安心して過ごしたい」
「好きな人に溺愛されて幸せを感じたい」

こういう願いをお話してくださる方が本当に多いのです。
でもこれは、あなたの脳からすると、一度も食べたことも、一度も聞いたことともない料理を作ってと言われているくらいの難易度の高さです。

たとえば、あなたが、友達を家に招いたとします。
その友達が「今日の夕飯は『フムス』って気分だから、『フムス』を作ってほしい！」

そう言ったら、あなたはどう思いますか。


「えっ……、フムス？　何それ？」

「どんな感じの食べもの？」

「見たことも食べたこともないから、まったくわからないんですけど！」


そう思いませんか。

ちなみに、フムスは、ひよこ豆をペーストしたヘルシーなトルコ料理です。


あなたの脳もこれと同じです。

いつもお金の心配を抱えていて、パートナーがいなくて不安を感じているあなたが、どれだけ「自由と安心と幸せがほしい！」と望んでも、脳からすると、普段まったく体感していないので、

「自由？　安心？　幸せ？　何それ？」
「どんな感じのものなの？」
「見たことも聞いたこともないから、まったくわからないんですけど！」

自由と安心と幸せが、トルコ料理のフムスと同じくらい未知なもので、想像もできないくらい謎なのです。

ですから、自分の本当の幸せがわからないまま、世間で言われている幸せを手に入れようとしたり、体感がまったくないまま、巷で流行っている願望実現メソッドをやろうとすると、やはり逆効果になってしまいます。

お金がなくて不安な状態のときに、その不安から逃れるために、簡単で楽に手にできそうな投資や暗号資産などの案件に手を出してしまうこともよくある話です。

「なんとかしてやろう！」
「これで、不安から逃れたい！」

そんな一発逆転思考を前提に、投資や暗号資産に手を出しても、不安から逃れたいという追い詰められた状態が入口になるので、結果、詐欺に遭ってしまう可能性もあるのです……。

先ほどもお伝えしたとおり、脳は入口と出口が一緒なので、不安から投資をしても、もっと不安な現実になってしまいます。

さらに、不安を感じている自分を紛らわすためにギャンブルやアルコール、薬や異性関係に荒れ狂ってしまう……。

これを「自己破壊欲求」と言いますが、不安な状態のときに、付け焼刃で一時的に快を感じる行動を取っても、結果として、もっと不安が出てきてしまう、ますます自分が見えなくなってしまう……。

そんな負のループにハマってしまいます。
よく売れている芸能人が急に問題を起こして表の世界から消えていくのも、この自己破壊欲求によるものが大きいのです。

世間の幸せに自分を合わせ、本当の自分をおざなりにすることで、エゴが大暴走して、一発逆転思考でわかりやすい結果を求めてしまったり、自己破壊欲求が出てきて、ダメな自分、見たくない自分を見せつけられることもあります。

ここまでいくと、自分の車のハンドルを他の人に乗っ取られている状態。
どうにかしたいのに、一発逆転思考から抜けられない、自己破壊欲求から抜けられない……。
そんなふうになっていきます。

「私はそこまでひどくない」と思うかもしれません。

でも私たちの脳は、使い方を知らないと、自分で自分を苦しめることを選んでしまうこともあるのです。

さて、頑張っているのに変われない理由を3つほどお伝えしました。

こうした状態に陥らず、今の1000倍、仕事もプライベートもマルっと楽しんで、パラレル移行するには、自分の脳タイプを知ることです。

次章では、さらに掘り下げて脳タイプについてお伝えしますね。

第2章

脳タイプと本当の脳の使い方

理想を叶える本当の脳の使い方

前章でお伝えしたように、脳には「昭和脳」「逆引き寄せ脳」「プリンセス脳」など、16種類のタイプがあります。

どのタイプが良くて、どのタイプがダメというものではありません。

手や足で考えてみましょう。

たとえば、手先の器用なタイプもいれば、不器用なタイプもいます。足の速いタイプもいれば、遅いタイプもいます。

手先が不器用なタイプはもしかすると握力が強いかもしれないし、足の遅いタイプはもしかすると高く飛ぶことが得意かもしれません。

手や足と同じように、脳にもいろいろなタイプがあります。

たとえば、暗記が得意な人もいれば、苦手な人もいます。新しいことに挑戦することが好きな人もいれば、新しいことよりもこれまでやってきたことを淡々とやることが得意な人もいます。

これらに良し悪しはありません。

たんに、そういうタイプというだけです。

本当の脳の使い方をするためには、まずは自分の「脳タイプ」を知る必要があります。そして、それぞれのタイプには、それぞれに合った本当の脳の使い方があります。

脳タイプについてイメージしていただくために、次の質問にこたえてみてください。

お金についてどう思っているかということですが、お金こそ脳の使い方が一番影響を受けています。

当てはまるものをチェックしてみましょう。

□お金を稼ぐのは難しい
□頑張らないとお金は入ってこない
□お金を稼ぐには才能が必要だ。私にはそんな才能はない
□お金を稼ぐには、時間と労力が必要だ
□この年齢からお金を稼ぐことはできない
□お金がいっぱいあることは良くない
□汗水垂らして働くことに価値がある
□お金にがめつくないと稼げない
□お金を持っていても幸せになれない
□もともと裕福な家の人でないと、お金を稼ぐのは難しい

チェックを付けた項目は、いくつありましたか。

ひとつでもチェックを付けたなら、それはズバリ！

「昭和脳」です。

頑張らないと幸せになれない、ちゃんとしないと認めてもらえない、努力・根性・我慢しないとお金はもらえない。

こういった脳の状態が昭和脳です。


じつは、私はもともと昭和脳でした。

この状態にもかかわらず、必死になって毎朝５時に起きて、ノートに１００回「私はお金持ちです」と書いたり、新月に願いを決めて手帳にスケジュールしたり、満月にイメージングして瞑想したり、内観したり……。

自分で言うのもどうかと思いますが、本当に頑張りました（笑）

でも、叶えたいことは何ひとつ叶わず、現実はカードが止まり、ケイタイが止められて、つらいことばかり。

そんな自分に嫌気がさして、ついには、うつ状態になってしまったこともあります。

当時は、すごく良いメソッドをやり続けられない自分、引き寄せセミナーの内容をやってもうまくいかない自分を「あ～、私は何でダメなんだろう……」と責め続けていました。

どんなに方法やメソッドが良くても、本当の脳の使い方をしないと、自分を追い込んで迷走してしまいます。

そうならないためにも、自分の脳タイプを知って、本当の脳の使い方をすることが大切です。

脳の使い方が思考や行動のクセに

では、脳タイプに対する理解を深めていただくために、もうひとつ質問させてください。

あなたは友人に頼まれて、ある会社で働くことになりました。

ところが、いざ中途採用で働きはじめると、仕事を教えてくれる先輩は、あなたのやり方を細かくチェック！

まるで小姑のように逐一ダメ出しをしてきます。

さて、このときあなたは、その先輩にどう対応しますか。

次ページのＡ～Ｄのどれでしょうか？

A　先輩の言うことをちゃんと聞いて、ダメ出しされないように頑張る

B　仕事を進めるうえでの手順を聞きながらも、自分なりのやり方やアイデアを伝える

C　先輩のさらに上の上司に、仕事が円滑に進むように相談する

D　先輩の言うことは、全部無視して、自分のやりたいようにやる

Ａ～Ｄのうち、あなたなら小姑のような先輩にどう対応しますか。

どんな答えであってもオールオッケーなのですが、**私たちは手足や体の動かし方、話し方にクセがあるように、思考や行動にもクセがあります。**

ですから、小姑のような先輩が登場したときの対応も、あなたの思考のクセが出てしまうのです。

たとえば、もし、あなたが小姑の先輩を避けて、Ｃの「先輩のさらに上の上司に相談する」を選んでとします。

すると、その場はうまくおさまったように思うかもしれませんが、仕事を変えたときには、また小姑のような別の先輩が登場します。

そして、あなたはさらに上の上司に相談するでしょう。

同じ脳の使い方をしている限り、職場を変えても、同じ現実がまた起こってしまいます。

ですから、たとえば、モラハラをする彼とお付き合いをして、それがイヤで別れたのに、次にお付き合いした彼も最初はやさしいのに、なぜかまたモラハラで傷つけるようなことを平気で言うようになる……。

こういうことは珍しい話ではありません。

また、月末になると、いつもお金がギリギリになるから、「もっと余裕を持って支払えるようになりたい！」と、ダブルワークを頑張って手取りが増えたとします。

でも、なぜか！

月末になると、やっぱりギリギリになってしまう……。

こうしたこともよくある話です。

同じ脳の使い方をしている限り、仕事も、パートナーシップも、お金も同じような現実が繰り返されるのです。

ちなみに、かつての私はAの「先輩の言うことをちゃんと聞いて、ダメ出しされないように頑張る」タイプでした。

でも、なかなかうまくいかなくて、怒られすぎて心が折れ、ついには「こんな職場、イヤだ！」と異動願いを出す。

そして、異動した次の職場で、もれなく小姑のような先輩を登場させて、また悩むという現実を繰り返していたのです。


これこそ、脳の使い方です。

この脳の使い方（クセ）が、思考や行動のクセにつながっています。

ですから、

・仕事を変えてもいつも同じパターンで人間関係に悩みがある
・付き合う人を変えても、いつもパートナーシップがこじれる

というような場合は、脳の使い方を変えることが、一番手っ取り早く、現実

を変えることになります。

そして、大事なことをもうひとつお伝えしますね。

Ａを選んだ人は、脳の苦痛系が優位な状態です。

苦痛系が優位というのは、脳の中に警官がいて、常に見張っているようなイメージです。

現実は脳内の投影なので、苦痛系が優位になっている限り、職場を変えても、パートナーを変えても、つらいことが起こり続けることになります。

脳は「入口」と「出口」が一緒になるとお伝えしましたが、その重要な入口が苦痛系優位な状態だと、どれだけワクワクする未来を描いても、どれだけ叶えたい未来を想像しても、出口となる現実は、それとはまるで反対の苦痛なものになってしまうのです。

昭和脳と完ぺき脳

以前、クライアントの真由子さん（仮名）から相談を受けたことがあります。

彼女はとてもマジメで頑張り屋さんです。

ですが、保育所で働いても、デパートで働いても、介護現場で働いても、いつもいじわるされてしまうのでした。

信じられないかもしれませんが、これも彼女の脳タイプが現実に投影されている結果です。

どんな脳タイプかは、職場の人間関係だけでなく、家族や恋人との付き合い方など、ありとあらゆることに投影されています。

たとえば、気遣いばかりで本音が言えない、すごく頑張っているのに仕事もプライベートもいまいちな人は、やはり「昭和脳」です。

どこにいても、どんな人たちと一緒にいても、つい気を遣って疲れてしまいます。


また、「ちゃんとしないと認められない」「頭が良くないと成功できない」「完ぺきでないとお金を受け取れない」と思っている人は「完ぺき脳」という脳タイプです。

うまくいくために一生懸命に頑張るのですが、完璧を求めるあまり、逆に自分で自分の首を絞めて、うまくいかなかったりします。

あなたは、こんな経験はありませんか？
・ダイエットしようと思ったのに続かなくて挫折……
・英語を勉強しようと思ったのに続かなくて挫折……
・婚活しているのに良い出会いがなくて挫折……

実はこれらは完ぺき脳から来るものです。

完ぺきにやろうとしているので、ちょっとでもうまくいかないと、自分を否定したり、ジャッジしたりして、

「もう無理！」

「無駄だ！」

などと挫折してしまうのです。

昭和脳や完ぺき脳でいると、願いを叶えていくこと、理想の未来を叶えていくことには、どうしても時間がかかってしまいます。

そして、残念なことに、日本人には昭和脳や完ぺき脳の人が多いのです。

こんな話をすると悲しい気持ちになるかもしれませんが、悲観することはありません。

私も、もともとは完ぺき脳でした。

そんな私が、脳タイプを変えて、「毎日30秒だけストレッチをする」「掃除を5分だけする」などと小さなできたことに目を向けるうち、体重が6キロ減ったり、家をきれいにすることが日課になっているのです。

中国香港理大学では、「未来に進むエネルギーを超こすためには、小さく些細なことに目を向けると良い」といった研究発表もあります。

脳は「できたこと」や「できていること」に意識を向けると、前向きになるのです。

「昭和脳」も「完ぺき脳」もマジメで良い人だからこその特徴です。

だからこそ、脳の使い方を知ったら、必ず変わっていけます。

私は講座生さんたちには、

- オールオッケーを毎日すること
- できたことややれたこと、1歩でも進んだことを日々記録することを伝えています。

実際、オールオッケーをしたり、できたことを数えたりするうち、ほとんどの生徒さんたちは、昭和脳や完ぺき脳から違う脳タイプへと変わっています。

私自身も毎日、その日のうちにできたことを振り返って、自分に感謝し、花丸をつけています！

自分の脳タイプを知って、本当の脳の使い方をすることで、願望実現をしている未来の自分に近づいていけます。

事実はひとつでも、解釈は無数

自己啓発やスピリチュアルに触れたことがある方は、「事実はひとつでも、解釈は無数にある」ということを聞いたことがあるかもしれません。

たとえば、同僚に挨拶をして、返事がなかったとします。

返事がなかったという事実に対して、

・「無視された」と解釈する人もいれば、
・「聞こえなかったんだ」と解釈する人もいれば、
・「すごい仕事に集中している！」と解釈する人もいます。

返事がなかったという事実はひとつ。
でも、それに対する解釈は人によって違っていて、無数にあります。

どんな解釈でもオールオッケーで、そこに良し悪しはありません。
ただ、その解釈が自分自身を苦しめているのなら、脳の使い方を変えるチャンスかもしれません。

たとえば、幼少期の何かしらの出来事が原因で、「親に愛されていなかった」

とトラウマのようになっている方もいます。

こうしたとき、「親に愛されていなかった」という解釈ではなく、「私の親は不器用で、望んでいるような愛情表現ができなかっただけ。望んでいる愛情表現ではなかったけれど、本当は愛されていた」などと違う解釈をできれば、どれほど楽になれるでしょう。

苦しさから抜け出せるかもしれません。

私の父は声が大きく、ぶっきらぼうな口調なので、一見すると、怒っているように聞こえることが子どもの頃にはありました。

当時の私は、子ども心に父をサザエさんの波平さんのような「怖いお父さん」だと思っていました。

そして、マスオさんのようなやさしい口調のお父さんに憧れていました。

でも、成長してから、久しぶりにサザエさんを見たときに気がついたのです。

波平さんはいつもカツオを怒っているけれど、表現が不器用なだけで、じつは誰よりもカツオと真摯に向き合って、カツオを愛しているんだと。

そう思って、私も父との関係を振り返ると、中学校のときには、スーツを着たままグランドに来て、部活のサポートをしてくれたり、高校生のときには、お弁当を作ってくれる日があったり、東京で一人暮らしをしてからも、毎朝電話で起こしてくれたり……。

本当は愛情が深い父の存在に気づくことができました。

「ずっと愛されていたんだな〜。」

脳内の解釈が変わると、今度は愛情深い父の姿がどんどん記憶として集められていきました。

本当の脳の使い方をすることで、解釈はいつもあなたの脳内で、自由に変えていけます。

記憶はすごくあいまいなものだから、子どもの頃の記憶のままにしておく必要などないのです。

ある年末、小学生のときの友人たちと、Ｚｏｏｍを使って忘年会をしました。そのとき、私はこんな質問をしたのです。

「小学校の廊下の色は、何色だったでしょうか？」

友人たちは「茶色」「灰色」「白」「緑」……と、それぞれに違う色を答えはじめたのです。

正解は緑でした。

答えをいった瞬間、「たしかに緑だった！」とみんなの記憶が蘇ったようです。脳内で、廊下の色が緑に変わっていたのです（笑）

このように私たちの脳内では、過去のことは改善、補修されています。よく「過去は変えられない」と言われますが、脳内が変われば、過去はいくらでも変わっていきます。

この章の終わりで、「過去の解釈を自由自在に変えていくワーク」をお伝えしますので、ぜひ試してみてくださいね（101ページ）。

方法やメソッドの前に脳の状態

本当の脳の使い方で解釈を変えられるというのは、料理にたとえると、ソースの味付けをいっぱい知っているような感じです。

ジャガイモにはバターと決めていたけれど、塩に変えてもいいし、醤油や味噌だっていい。

味付けを変えることで、人生に新たな彩りを与えてくれます。

私の講座生に「仕事を長く続けることができない」ことが悩みの40代・絵美さん（仮名）がいました。

絵美さんは、正社員になったことは一度もなく、ずっと派遣社員で働いてい

If you use
your brain correctly,
you can change
the past

るのですが、すでに20回ほど仕事を変えているそうです。

彼女にとって、長く仕事を続けられないことは、コンプレックスでした。

初めて私と話をしたとき、彼女は「仕事を20回も変えているのは、人として何かが欠けているのだと思う……」と言っていたのです。


でも、何度も仕事を変えていることは、彼女の最大の魅力になる。

私はそう思いました。


長続きしないことは、常に新しいことにチャレンジをしているとも言えます。

いろいろな仕事を経験したことで、柔軟力や共感力、発想力などもアップしているでしょう。

つまり、「我慢が足りない」「努力が足りない」「忍耐力が足りない」というのは固定概念でしかありません。

また、20回も仕事を変えたことは、20回も採用されたということです。

それはそれで、ひとつの才能だと思いませんか。
もしかすると、会社を辞めたいと思いながらも、なかなか辞められない人の相談に乗ることだってできるかもしれません。

彼女にそう伝えたところ、自分の脳タイプが、ひとつのことを長く続けなければいけないと考える「昭和脳」になっていたと気づいたようです。
そして、本当の脳の使い方を学んで、今では転職に悩む方の相談に乗る転職コンサルタントとして活躍しています。

自分の脳タイプを知って、本当の脳の使い方をできるようになると、コンプレックスに感じていたことさえ武器になります。
だからこそ、方法やメソッドの前に、畑の土の状態＝脳の状態なのです。

繰り返しですが、どんなに良いパイナップルの苗でも、北海道の畑で育てるのは簡単ではありません。

脳タイプがどのような状態か、それがすべてを決めるといっても言い過ぎではないのです。

次章では、16種類の脳タイプについて具体的にお伝えしますね。

過去の解釈を自由自在に変えていくワーク

過去の記憶をそのままにしていませんか。

苦しい記憶、つらい記憶は変えていきましょう。

パソコンで文章を上書き保存するように、脳内の記憶も解釈も好きなように変えていけます。

このワークは通常、1〜14まで順序を追ってやるほうが効果的ですが、工程がたくさんあって難しいと思う方は、省略バージョンで、2の後にすぐ12に進んでもらう簡易版にアレンジしていただいても大丈夫です。

STEP1（脳内パラレル呼吸）

目を閉じて、深呼吸をゆっくり10回していきます。

この深呼吸は、ちょっと特徴があります。

鼻から息を吸うときにアゴを上げて、天井を見つめて、口からふ〜っと吐くときに、おヘソを見るようにお辞儀をします。

STEP2

幼少期から10歳くらいまでの記憶の中で、悲しかったこと、つらかったこと、不安だったこと、何でもいいので、3、2、1で思い出してみましょう。

3！

2！

1！

いろいろ思い出した場合は、一番古い記憶をあたって行きましょう。

STEP3

そのネガティブな記憶は、明るさでいうと、10点中何点くらいですか？

STEP4

すごく明るくはっきり見えていたら10点！
ものすごく暗かったら1～2点、
どちらでもない、普通だったら、5～6点。
神経質になり過ぎず、適当に答えても大丈夫なので、直感で降りてきた点数を採用しましょう。

STEP5

点数を決めたら、その記憶の明るさを元の10倍明るくしていきます。
よくわからない場合は
・スポットライトが当たって眩しい！
・太陽が当たって目を開けない！
そんな明るさを感じてください。

STEP6
次に、その明るさを真っ暗にして何も見えなくします。

STEP7
そして、ちょうど良い明るさに戻します。

STEP8
今度は思い出したネガティブな記憶をオニギリくらいキュキュッと小さくしていきましょう。

STEP9
さらに米粒くらいに小さくしていきます。

STEP10

米粒にしたら、3、2、1で思いっきり投げていきます。

3！

2！

1！

米粒を投げます。脳内で3回投げるのを繰り返しましょう。

STEP11

そして、また、元の記憶の大きさに戻します。

STEP12

今度は、3、2、1で、その記憶の背景の色をあなたの大好きな色に塗ってみましょう。ピンク、黄色、水色、何色でも大丈夫！

3！

2!

1!

STEP13

大好きな色で脳内の記憶を塗って、さらにその場面を近づけたり、遠ざけたりしていきます。

STEP14

そして、大好きな色を感じながら、深呼吸を10回して元に戻ります。ゆっくりと目を開けて、さらに両手を上げて伸びをしていきましょう!

今、どんな感覚がしますか。「ゆるんでいる」「リラックス」など何でも大丈夫です。その感覚を感じていきましょう。

そして最後に、最初の記憶を思い出してみてください。どのように気持ちや感覚が変化しましたか。微細な変化を味わっていきましょう。

第3章

16種類の脳タイプ

器を変えれば願いは叶う!

自分の脳タイプを知ったうえで、脳の使い方を変えることで、願いを叶えているパラレルワールドの私に近づいていけます。

脳の使い方を変えるというのは、第1章でも軽く触れましたが、顕在意識と潜在意識を入れている器を変えるということ。

器を変えれば、そこに盛り付けられたご飯の量も変わります。

これまで潜在意識やハイヤーセルフ、アファメーションなど、いろいろなことを勉強してきたかもしれません。

引き寄せも量子力学も学んで、インフルエンサーさんなどから「こうすれば引き寄せられる」「願いは叶えられる」などと教わったかもしれません。

でも、インフルエンサーさんなどが教えてくれるメソッドやノウハウにしても、それが唯一無二の正解というわけでもないのです。

「私はこれで願いが叶ったから、あなたも叶うよ」

なかにはそう教わったこともあるかもしれませんが、そもそもインフルエンサーさんの器とあなたの器が違っていたら、同じ結果にはなりません。

たとえば、かつての私は、とにかくお金の引き寄せをしたくて

「お金は出せば出すほど入ってくる」

「使えば使うほどいい」

という言葉を聞いて、

まさに！

気になるものやほしいものに、ドンドンお金を使っていたのですが、その結

果……。

お財布も通帳も

スッカラカン！

という状態になりました……。

一方で、このお金のチャレンジを一緒にしていた友人の美里ちゃん（仮名）は、

お金がどんどん入ってきて

「やっぱり出せば出すほど入ってくるね～。使って良かった～」

と報告してくれました。

当時の私は

「使えば使うほど良いはずなのに、なんで、私の場合はうまくできないの？」

ともものすごく落ち込みましたが、今思えば、これも器＝脳タイプ、脳の使い方がズレていたからだと説明がつきます。

友人の美里ちゃんの器＝脳タイプは、お金をすんなり受け取れる状態になっていたけれど、あくまで、その当時の私の器＝脳タイプは、

・頑張らないとお金は入ってこない（昭和脳）
・ちゃんとしないと受け取っちゃいけない（完ぺき脳）

だったのです（脳タイプ診断でいうと、ブラック社長脳タイプ）。

お金の引き寄せは、とくに行動よりも、やはり脳の入口である器＝脳タイプがとても影響しています。

ですから、**望んでいる現実になっていないなら、器＝脳タイプを変えてあげること。**

つまり、脳の使い方を変えることで、お金の悩みもパートナーの悩みも仕事の悩みも消えて、パラレルジャンプできるのです。

願望実現が難しい3つの脳タイプ

脳の使い方を変えるのに、まず知っておきたいことが、今の自分の脳タイプです。

脳タイプは、全部で16種類あります。

佐藤さんはAという脳タイプ、山田さんはBという脳タイプというものではなく、ひとりの人がいくつかの脳タイプを併せ持っています。

仕事やお金、恋愛、パートナーシップ、健康など、それぞれの分野で脳タイプが異なっていたりするのです（すべての分野で脳タイプが同じ人もいます）。

私のクライアントの真美さん（仮名）は、かなりの「モテ女子」。最初のセッションのときに、こんなことを言っていました。

「私はこれまで全大陸の男性と付き合ってきました。10代の頃から、好きな人とは絶対に付き合えます！　アイドルではないので、世の中のすべての人に好かれるわけではないけど、自分の好きな男性は、絶対に私のことを好きになってくれます。だから、恋愛は簡単なんです。でも、好きなことでお金を稼ぐのは難しい」

全大陸の男性と付き合っていることにビックリですが、真美さんは、恋愛はうまくいく脳タイプですが、仕事は願望実現が難しい脳タイプだったのです。

真美さんとは反対に、仕事やお金はスムーズにうまくいく脳タイプなのに、恋愛だけがうまくいかない脳タイプという方もいます。

脳タイプについて知っていただくために、なかなか願望実現が難しい「逆引き寄せ脳」「昭和脳」「過去脳」という3つの脳タイプをピックアップしてみましょう。

1「逆引き寄せ脳」

何かやろうとするとき、心配や不安、問題を避けることが動機になっているのが、この「逆引き寄せ脳」です。

逆引き寄せ脳の人は不安や心配を避けようとして、逆にそれを引き寄せてしまうので、望んでいる現実とは裏腹になることが多いのが特徴です。

たとえば、「パートナーがほしい」と思って婚活をはじめたとします。

でも、婚活の動機が「病気や災害のときにひとりだと不安だから」ということだったりするのです。

不安前提で、脳は心配や不安に焦点が当たっている状態なので、「パートナーがほしい」という願いが叶わないどころか、ますます孤独を感じるような出来事が起きてきます。

望んでいることと逆のことが起こるので、逆引き寄せ脳でいるメリットはほとんどありません。

いつも不安を感じて、何とかそれを感じないようにしたいと思うがゆえに、睡眠も浅くなりがち。

老けやすくなってしまうので、できるだけ早く脳タイプを変えることをおすすめしています。

2「昭和脳」

これまで何度も登場している昭和脳も、手ごわい脳タイプのひとつです。

昭和脳の人は、何かをするときに役割や責任を重視したり、

「頑張らないとお金を稼げない」

「他人に尽くさないと愛されない」

「母親だから自由にしたらいけない」

など、型にはめて考える傾向があります。

日本人にもっとも多い脳タイプで、知らず知らずのうちに、自分で自分の肩の荷を重くして、自分の首を絞めているのです。


もちろんデメリットだけでなく昭和脳には、医療関係者や銀行員、秘書など、ミスを許されない仕事に向いているというメリットはあります。

でも、我慢・根性・忍耐でイライラが爆発してしまうほど、自分を犠牲にしていることも多いのです。

思い当たる節があるかもしれません。


昭和脳のままだと願望実現にも時間がかかるので、やはり違う脳タイプに変えることをおすすめします。

講座の生徒さんにもよく言うのですが、昭和脳の人は１００キロくらいのオモリを付けて、マラソンしているような感じです。

ですから、脳タイプが変化すると脳内も軽くなって、現実がポーンと変化、振り子が右から左へ振れるように一気にパラレルジャンプしていきます。

３「過去脳」

過去脳の人は、何かをやろうとしているとき、「またうまくいかないかも」「またダまされるかも」などと、過去のイヤな経験、記憶が基点となる傾向があります。

「前の恋愛で○○だったんです」

「今までうまくいっていないから○○」

「どうせまたうまくいかない」

というのが口癖で、過去の失敗や間違えにとらわれているので、なかなか前に進めません。

過去の自分を見捨てていないのは、過去脳でいるメリットと言えるかもしれませんが、逆に、過去に縛られて今を生きていないとも言えます。

これではバックミラーを見ながら車を運転しているような状態。

だから、過去脳の人はいつも未来に不安を感じ、不安予測をしているのです。

「なぜうまくいないの？」と自問自答するのをやめて、未来に焦点を合わせる言葉がけをすることで、新しい脳タイプに切り替えていくことができます。

願望実現しやすい3つの脳タイプ

願望実現が難しい脳タイプがある一方で、頑張らなくてもサクッと願望実現できる脳タイプもあります。

今度は、願望実現しやすい「プリンセス脳」「未来クリエーション脳」「マイラブ脳」という3つの脳タイプについてお伝えしましょう。

4「プリンセス脳」

自分自身の言動を決めるとき、他の誰かの言動などではなく、自分を基準に決定できるのが、プリンセス脳です。

「私はこう思う！」

「私はこれがいい！」

こんなふうに主語はいつも自分で、自分を信頼しているのが特徴です。

プリンセス脳も行き過ぎると頑固になるというマイナス面はありますが、脳に応援されやすいので、必要な情報やチャンスが集まりやすく、願望実現のスピードはとても速いです。

仕事もプライベートもどんどん好転する傾向にあります。


埼玉県にお住まいの40代のまどかさん（仮名）は、遠距離恋愛をしている彼から連絡がないと、以前は不安脳になって右往左往していました。

でも、自分で自分の味方をしてあげることを続け、プリンセス脳を高めていくうち、彼から飛行機のチケット代が届いたのでした。

こうしたちょっとした願望は、プリンセス脳だとすぐに叶います。


まどかさんの話には続きがあります。

プリンセス脳になって間もなく、「両親の介護もあるので、すぐに結婚は難しい」と言っていた彼から、プロポーズされたのでした。

「脳タイプを変えたら、現実はあっさり簡単でした！」とまどかさん。

幸せな様子をＳＮＳで拝見すると、私までうれしくなります。

5「未来クリエーション脳」

未来クリエーション脳は、何かをやろうとするとき、「未来の何のためにやりたいのか」と、未来基準で考える傾向があります。

たとえうまくいかないときでも、「何のために、この時間があるのか」と未来志向で解釈できるので、脳は未来に向けて動き出し、願いを叶いやすいと言えます。

たとえば、「素敵な彼と結婚するのは決まっているので、今の独身生活をエンジョイする」という具合に、未来の自分がしていることを基準に今を選択、行動できるのです。

広島県にお住まいの40代の佐和さん（仮名）はマジメで頑張り屋さん、アラフィフの独身女子です。

婚活もしていたけれど、疲れてしまってお休み中。

そんな最中、講座を受けてくれました。


昭和脳だった佐和さんが未来クリエーション脳に変わると、考え方や行動も変わっていきました。

まず婚活やお見合いをやめました。

そして、好きな人と結婚するのはもう決まっているから、今は思いっきり少女漫画を読む！　思いっきり推し活をする！

こんなふうに未来を確定事項として決め、望む未来に旗を立てたのです。

その結果どうなったのかというと、近所のスーパーでたまたま高校時代の同級生と再会し、それが縁となって今の旦那様に出会ったのでした。

信じられないかもしれませんが、本当です。

未来クリエーション脳でいるマイナス面はありません。

逆に「起きた出来事を未来につなげることができる」「脳を活性化して、味方に付けることができる」「まわりに応援される」など、メリットしかない脳タイプなのです。

6「マイラブ脳」

マイラブ脳の人は、「うまくいってもうまくいかなくても、そもそも価値があり、そのままでOK」と思っている傾向があります。

それは、ありのままの自分を受け入れて、尊重しているということ。

「私で良かった」

「私らしくありたい」

「私ならできる」

このような口癖があって、出来事や行動ではなく、存在としてありのままの自分を肯定できる「報酬系」の脳タイプです。

マイラブ脳の人は、自己決定をして、自分の人生を生きているので、人生がスムーズなのです。

望んでいる仕事をまかされたり、必要なお金を得られたり、素敵なパートナーと出会えたり、マイラブ脳でいると良いこと尽くしになります。

昭和脳からマイラブ脳になった初子さん（仮名）。

以前は、サロンの集客で毎日ＳＮＳ投稿を頑張っても、お客さんがぜんぜん来ない状態でした。

マイラブ脳に変わって、「自分の好きなお客様だけに囲まれて1日2組しか施術しないのに、スルスルと売上が上がって、過去最高年商を達成しました！」とうれしい報告をしてくれたのです。

16種類の脳タイプ

16種類の脳タイプのうち、６つだけピックアップしてみましたが、いかがでしたか。

「私は過去脳かも……」

「昭和脳だからうまくいかなかったのかも……」

「プリンセス脳やマイラブ脳になりたい！」

いろいろな思いが出たかもしれません。

脳タイプがわかるようになると、「方法やメソッドの前に脳の状態が大事」ということも感じられるようになります。

未来クリエーション脳のインフルエンサーさんがおすすめする素晴らしいメソッドも、逆引き寄せ脳の状態では効果を発揮できません。

マイラブ脳の著者さんがおすすすめる究極のノウハウも、過去脳のままでは何の意味もありません。

ただ、今がどんな脳タイプだったとしても**オールオッケー**です。

大切なのは、いま現在の脳タイプと理想の脳タイプを知って、その違い、差を明確にすること。

次のページから16種類の脳タイプを一覧にしていますので、まずはどんな脳タイプがあるのかを確認してみてください。

1 直感体感脳

特徴
・仕事でもパートナーでもフィーリング重視！
・とにかく行動が速い！
・考えるよりも直感で即行動！

口癖
「そんな気がする！」

「いい感じ！」

メリット
・チャンスや流れをつかみやすい
・思ってもみない奇跡が起こりやすい

デメリット
・飽きっぽく見られる（脈絡がない）
・偽ものに気が付かないことも！

あるあるの例
・直感でピンと来たから、勢いでイベントに参加してみる！
・じっくりと考えて決めるよりも流れやシンクロ、ノリを重視して選択・行動している！

2 分析インテリ脳

特徴
・何かやろうと思ったら、どうやったらうまくいくかを考え、調べ、分析する。
・失敗したくない、正しい答えを知りたい。その結果、ずっと答えを出せず、一歩を踏み出せないことも。慎重派。
・石橋を叩いて、叩きすぎて石橋を割ってしまうケースも。

口癖
「考えすぎてもうよくわからない」

「わからない」

「どうしたらいいですか？」

メリット
・賢いのでいったん納得すると、どんどん進める。

デメリット
・ホメオスタシスも強く、現状維持しやすい。
・マイナスばかり考えてグルグルする。

あるあるの例
・左脳が強く、長女、マジメ、優等生に多い。
・「●●メソッドでは▲▲と言っています」「●●先生は▲▲と言っています」など、自分が知っている知識を優先して正解を知りたいと考える傾向にある。
・基本的には受け身。直感や感覚よりも左脳を優先。

3 達成脳

特徴

・何かを得ようとして、実際にやり遂げる強さや集中力、行動力を持っている。
・未来の望みや夢、目標にパワフルに突き進む。
・ゴールが明確。

口癖

「やるかやらないかだよ」

メリット

・常に望みがあるので、やる気や情熱に満ち溢れている！
・多少の困難も乗り越えられる。

デメリット

・まわりを置いてきぼりにしがち。
・気が付いたらひとり。

あるあるの例

・起業家女子で活躍している人など、うまくいっている人に多い。
・初めてのことをやるときにも、ゴールから逆算。ある程度、達成ルートを見極め、選択・行動していく傾向にある。

4 逆引き寄せ脳

特徴

・不安や心配を避けたいから、お金や結婚、パートナーがほしいと思う。
・問題を回避したい！

口癖

「不安だから〇〇したい！」
「心配だから△△しなきゃ！」

メリット

・ほぼなし（リスク予見能力があるくらい）。

デメリット

・望んでいることと逆のことがどんどん起きてしまう。
・不安や心配にいつも脳内が支配されていて、老けやすい。
・睡眠が浅くなる。

あるあるの例

・「病気にならないように有機野菜を食べなくちゃ！」
↓病気になるのが前提になっていて、実際、病気になってしまう……。
・「いい年なのに、結婚しないと恥ずかしいから婚活を頑張る！」
↓結婚できていない私にフォーカスが当たって、実際、結婚できない……。

5 振り回され脳

特徴

・自分の言動を決めようとするときに、他者の言動に振り回されて、他者の意見や承認を求める。自己決定していない。

口癖

「夫は……、彼が……、母は……、うちの子が……、上司が……」と、いつも他人が主語、他者基準、受け身。

メリット

ほぼなし（他者の意見を聞く耳を持っているくらい）

デメリット

・望んでいることと逆のことがどんどん起きてしまう。
・他人の言動に振り回される。
・被害者意識になるのは、脳が苦痛系優位だから。不満がたまっている。

あるあるの例

・自分の話をするとき、他の人を主語にしがち。
・「仕事を休めない」「自由になれない」「幸せになれない」など、他人軸の発言が多い。

6 プリンセス脳

特徴

・自分の言動を決めようとするときに、他者の言動ではなく、自分の中の確信やデータなど、自分を基準に決定できる。

口癖

「私はこう思う！」

「私はこれがいい！」

メリット

・仕事もプライベートもどんどん好転しやすい。
・脳に応援されやすいから願望実現が速い。

デメリット

・行き過ぎると頑固になる。

あるあるの例

・ディズニープリンセスのように、自分自身や自分の信念、価値観に自信を持っている。だからこそ、他人の言うことより、自分の信じていること、自分の信じたいことを大切にしている。
・彼から連絡がなくても、私のために「仕事を頑張っている」と自然に思える。

7 過去脳

特徴

・やろうとしていることを考えているとき、「またうまくいかないかも」「またださまれるかも」などと、過去のイヤな記憶が基点となる傾向がある。

口癖

「過去に○○だったんです」
「今までうまくいっていないから○○」
「どうせ、また……」

メリット

・過去の自分を見捨てていない。

デメリット

・過去に縛られ今を生きていないから、未来が不安な状態！「バックミラー見ながら運転している状態」
・原因追及や過去に固執しているので、願望実現が遅い。

あるあるの例

・何か話を振られたときに、永遠と過去に起きたことを話し続け傾向にある。過去の話をいつもしているので、今、ここを生きることができていない。
・過去と同じ現実を繰り返す傾向にある。

8 未来クリエーション脳

特徴

・やろうとしていることを考えるとき、未来の何のためにやりたいのか、未来基準で物事を考えられる。
・たとえ、うまくいかないときも、何のためにこの時間があるのかと、未来志向で解釈をするので、実際に脳が未来に動き、願いが叶いやすい。
・自分の望む未来に一直線！

口癖

「何のために？」

「もし仮にこれが最高の未来につながるとしたら？」

メリット

・起きた出来事を未来につなげることができる。
・脳を活性化し、味方につけることができる。
・まわりに応援される。

デメリット

・なし

あるあるの例

・未来の自分がしていることを、未来の自分の基準で今選択、行動ができる。

9 昭和脳

特徴
・何かをするときに、自分を犠牲にしないとほしいものは得られないと思っている。
・また、一歩一歩進まないといけないと思っている。正しいやり方や手順、常識的でないといけないと思っている。

口癖
「△△しないと○○できない」

「どうしたらいいですか？」

「何が正しいですか」

メリット
・ミスを許されない仕事（医療関係、公務員、銀行員、秘書など）に就くと、慎重に仕事をする。

デメリット
・自己犠牲が多い。
・我慢が多く、根性や忍耐でイライラが爆発するときがある。
・願望実現に時間がかかる、タイムラグが大きい。

あるあるの例
・気を遣えるうえに頑張り屋さん。ただ本音を言えず、ストレスをためやすい。
・すごく頑張っているのに、仕事もプライベートもうまくいっていない。

10 自由脳

特徴
・何かをやろうとするとき、それを実現する方法を自分で考えたいと思って、実際に考える。
・みんなの答えと違う自分だけのやり方や抜け道を見つけることが得意。
・常識の枠を超えて、自分の感覚を信頼している。

口癖
（うまくいかないときも）「がぜん、おもしろくなってきた〜」

メリット
・自分で決めて選んでいけるので変化のスピードが速い。
・脳が未来志向だから、どんどん新たなアイデアや選択肢が降りてくる。
・変化や刺激を楽しめる。

デメリット
・現実的な段階を追う仕事が苦手（別の人に任せたほうがいい）。
・良い意味で常識に縛られていないため、他人からは理解されにくいところがある。

あるあるの例
・うまくいかないことがあると、逆に燃える、おもしろくなってくる。
・自分軸を持って、さまざまな可能性を見出せるので、他の人から憧れられる。

11 不安脳

特徴

・何かをやろうとするとき、不安が強く、本当の自分の想いややりたいことがわからない。
・不安なので、自分の意見ではなく、影響力のある他人の意見に乗っかりたい。
・全部の答えや正解を知りたい、質問したい。

口癖

「みんないろいろ言うから、どれが本当かわからない」

「私って仕事はやめていいんですかね？」

「これって○○のサインなんですかね？」

メリット

・なし

デメリット

・すごい人の言うことを聞かないといけないと思っている。
・不安なことばかり考えて、今を生きていない。
・自己否定が強い。

あるあるの例

・自分の本音ややりたいことがわからない。
・他人の意見を重視する。
・感情が封印されている。

12 ヒロイン脳

特徴

・今、ここの自分にオールオッケーが常にできている。
・物事を自分基準でとらえ、いつでもどこでも誰といても、自分らしく心地よくいられる。

口癖

「私は私でオッケー」

「これが私」

メリット

・自己決定して自分の人生を生きている。
・自分らしい人生を選択できている。
・人生の主人公の視点で生きている。

デメリット

・飽きっぽく見られる（脈絡がない）
・偽ものに気が付かないことも！

あるあるの例

・月9のドラマや少女漫画の主人公のように、ドタバタしても最終的にはすべてうまくいく。
・ピンチがあってもミラクルが起きて、あっさり大逆転する。

13 義務脳

特徴

・何かやろうとするとき、動機がすべて義務になっている。
・とにかく観念や常識の縛りが多い。
・「○○でないといけない」

口癖

「△△しなければいけない」
「○○するべき」
「子どものため」「生活のため」

メリット

・責任感がある。

デメリット

・常に○○しなければいけないと思っている。
・自分で自分の首を絞めて苦しくなっている。

あるあるの例

・朝起きてからすべてのことを義務でやっている。
・義務でがんじがらめ、心の余裕がなくなっている。

14 欲求脳

特徴

・何かをやろうとするとき、「やりたい！」「やろう！」という言葉が並ぶ。
・いろいろなことがうまくいきやすい。
・自分の心のＷＡＮＴに従っている！

口癖

「○○したい」
「△△しよう」

メリット

・自分の欲求に素直に従っているから、必要なご縁やチャンスがどんどんやって来る。

デメリット

・なし

あるあるの例

・仕事はやりたいことをやれている。
・自分の好き、したい、情熱が明確で大切にしているから、まわりを巻き込むのが得意で、応援されやすい。

15 完ぺき脳

特徴

・ミスや間違いを自分も他人も許せない。
・恥をかきたくない、馬鹿にされなくない。
・プレッシャーやコンプレックスがある。

口癖

「ちゃんとしないと」
「もっと○○しないと」
「私なんて○○」
「私は○○じゃないからたいしたことない」

メリット

・仕事が正確で信頼を得やすい傾向にある

デメリット

・完ぺきにしないと進めないのでスタートが遅い。
・スタートしても、完ぺきでない自分を認められないので、自分で自分を追い詰める。

あるあるの例

・「健康でないと」「キレイでないと」「若くないと」「頭が良くないと」などと、条件を考えがち。

16 マイラブ脳

特徴

・ありのままの自分の価値を知っている。
・自分の存在を受け入れている！
・絶対的に自分を信頼。脳は報酬系。

口癖

「私で良かった」
「私らしくありたい」
「私ならできる」

メリット

・自己決定して自分の人生を生きているから人生がスムーズ。
・自分らしい人生を選択できて、願望実現しやすい。
・出来事や行動ではなく、存在として、ありのままの自分を肯定できている。
・望んでいる仕事がやってくる。

デメリット

・なし

あるあるの例

・自分事としてとらえて、どんな自分も愛している。
・必要なお金がやって来たり、無料で招待される。

脳タイプを診断してみましょう

それぞれの脳タイプを見ると、自分に当てはまる脳タイプがどれかイメージできるかもしれません。

現状の脳タイプを知ることは、願いを叶えることはもちろん、頑張っていることをムダにしないためにも大切です。

次ページに、あなたがどんな脳タイプか簡易診断できるサイトを紹介しています。

16の脳タイプを４タイプごとにまとめたものです。

できれば毎日、脳タイプ診断をやって、洋服を着替えるように、脳も着替えられることを教えていっちゃいましょう！

まずは、ここでいったん本を置いて、診断してみましょう。

あなたの脳タイプは？

あなたの脳タイプを診断してみましょう。この「パラレル脳タイプ診断」は、16種類の脳タイプを4分類した簡易的なものですが、これだけでもあなたの脳の特徴がわかります。

診断すると何がわかる？

・脳の特徴と強み！
・お金を生み出しラクラク引き寄せるヒント！
・今より豊かさを加速する本当の脳の使い方！

パラレル脳タイプ診断

https://qa.judge-hub.com/qa/gsrav/f4e255be-0297-4b31-8795-7c8a7393a5a5/esh

簡易版脳タイプ診断

キングクイーン脳

脳内は王様・女王の状態！まるで泉のように、お金を生み出します。自分も他者も笑顔になるお金の使い方を考えると、さらにお金が湧き出ます。アイデアも湧き出る脳状態！

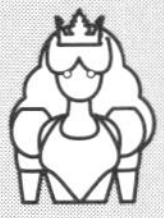

① 直観体感脳
② 達成脳
③ 欲求脳
④ 未来クリエーション脳

ホワイト社長脳

脳内マリオのスター状態。
お金や豊かさがドンドン集まってくる脳状態です！
お金の「目的」「何のため」を明確にすることで、さらに集まってきます。

⑤ ヒロイン脳
⑥ マイラブ脳
⑦ プリンセス脳
⑧ 自由脳

モブ脳

脳内のび太くん状態！
お金や豊かさに振り回される脳状態。
今のお金に対する考えを卒業して、自分軸で生きましょう！

① 分析インテリ脳
② 逆引き寄せ脳
③ 振り回され脳
④ 過去脳

ブラック社長脳

脳内バイキンマン状態！

お金や豊かさがどんどん離れていく脳状態なので、まずは、あなた自身を、今、ここで安心させてあげて脳波を整えましょう。

⑤ 昭和脳
⑥ 不安・ゆうれい脳
⑦ 義務脳
⑧ 完ぺき脳

人生の「パターン」を探究ワーク

セッションをしていると、「自分の使命を知りたい」「自分の天命を生きたい」といった相談を受けることがよくあります。

そもそも使命と天命は、どう違うのでしょうか。

一般的には、次のように言われています。

使命
やりたいことや果たすべき役割に気づき、それを自分で選び取ること。
例
「教育に携わり、自分の可能性を信じられる子どもを増やして、未来を明るくしたい」
「アートで人を癒し、その人のありのままの色を出せるように貢献したい」

天命

天（宇宙）から与えられた、生まれながらに決まっている人生の目的。

例

「リーダーとして大きな改革を起こす運命」

「特定の分野で道を切り開く」

使命は、現実的で具体的な「役割」や「活動」のことで、自分で選び取ることができるようです。

一方、天命は、魂レベルで与えられた「存在意義」や「人生そのものの目的」。変えることはできないようです。

では、人生の「パターン」を探究ワークに取り組んでみましょう。

幼少期から今の年齢にいたるまで、５年ごとに過去の出来事や人間関係を書き出し、あなたが繰り返し向き合っているテーマや役割を見つけ出します。

方法

STEP1 過去の出来事をリストアップ

幼少期から現在まで5年ごとに覚えている範囲で、象徴的な過去の出来事をリストアップしましょう。ポジティブなものでもネガティブなものでも、どちらでも構いません。

STEP2 共通点やテーマ、パターンを探る

書き出した中から印象に残っていることや共通点、テーマ、パターンがないかを探りましょう。

例

誰かを助ける役割、困難にひとりで立ち向かう、仲間と一緒にチャレンジをする。

0〜5歳	
6〜10歳	
11〜16歳	
17〜22歳	
23〜27歳	
28〜32歳	
33〜38歳	
39〜43歳	
44〜49歳	
50〜55歳	
56〜61歳	
62〜66歳	

STEP3 問いを立てる

共通点やテーマ、パターンを見つけたら、次のように自問自答します。

- 私は何のためにこのテーマを繰り返しているの？
- 人生が私に何を気づかせようとしている？

このワークで得られるもの

「誰かの相談役になっている」「傷つきながらも愛を求めている」「自分らしさをつかもうとしている」などなど、繰り返されるテーマやパターンが、あなたの使命や天命につながっている可能性があります。

第４章

脳内でブレーキをかけるアイツら

そう思っている状態と思おうとしている状態

脳タイプは診断できましたか。

自分の脳タイプがわかると、これまでに起きていたつらかったことや苦しかったことの原因がわかる気もするかもしれません。

脳は使い方次第で、起きていた事実に対する解釈を自由に変えることもできます。

ただ、こうしたことをお伝えすると、なかには

「解釈を変えれば理想は叶うのね！」

「物ごとに対する捉え方が大事なのね！」

という方もいます。

これは知識としては間違っていないのですが、正解とも言い切れません。
本当にそう思っているのと、そう思おうとしているのでは違うからです。
第2章の何度も仕事を変えた彼女を例にすれば、

・何度も仕事を変えていることを魅力だと思っている状態
・魅力だと思おうとしている状態

これは同じではありませんね。
では、次はどうでしょう。

・ツイていると本当に思っている状態
・ツイていると思おうとしている状態

やはり同じではありませんね。

・パートナーの愛を感じられている状態
・パートナーの愛を感じようと頑張っている状態

もうわかりますね。同じではありません。
脳は「知識レベル」のことを本気にしないと前述しましたが、「解釈を変えれば理想は叶う」というのも「頭ではわかっているけど……」というのも知識レベルでしかないのです。

彼にＬＩＮＥを送って、既読になっているのに返事がないとき。
浮気しているんじゃないかと本当は不安でいっぱいなのに、「きっと仕事が忙しいんだ！」「打ち合わせが長引いているのかも！」などと思うことはできますが、不安な気持ちは消えません。

月末の支払いがあるのに、目処が立っていないとき。

心配やあせりでいっぱいなのに、「神様に祈れば何とかしてくれる！」「ご機嫌でいれば大丈夫！」などと思おうとしても、心配やあせりが消えるわけではありません。


本当にそう思っている状態と、そう思おうとしている状態。

この2つの間には、何があるのでしょうか？

それは理想の未来を叶えさせないように邪魔する、変わりたいのに変わることを邪魔する「アイツら」がいるのです。

・いろいろ学んで頑張っているのに変われない……。
・脳タイプを変えたいと思っても変われない……。

それは！

「アイツら」が邪魔をしているからです。

たとえば、ネイルの勉強をして、いつかお店を開きたいと頑張っているのに、「お客さんが集まらないかも」と不安をあおって、アイツらがあなたの邪魔をします。

たとえば、大好きな彼と同棲したいと思っているのに、前に付き合っていた彼と同棲していたときに、ケンカばかりしていたことを思い出させて、アイツらがあなたを不安にさせて通せんぼ。

理想のパラレルに行かせてくれません。

たとえば、大好きなアートをはじめて、それだけで楽しいはずなのに、「あの子のほうがうまいかも」などと誰かと比べさせて、アイツらがあなたの楽しい気持ちをしぼませます。

あげればキリがないのですが、こうやってアイツらが脳内であなたにブレーキをかけるのです。

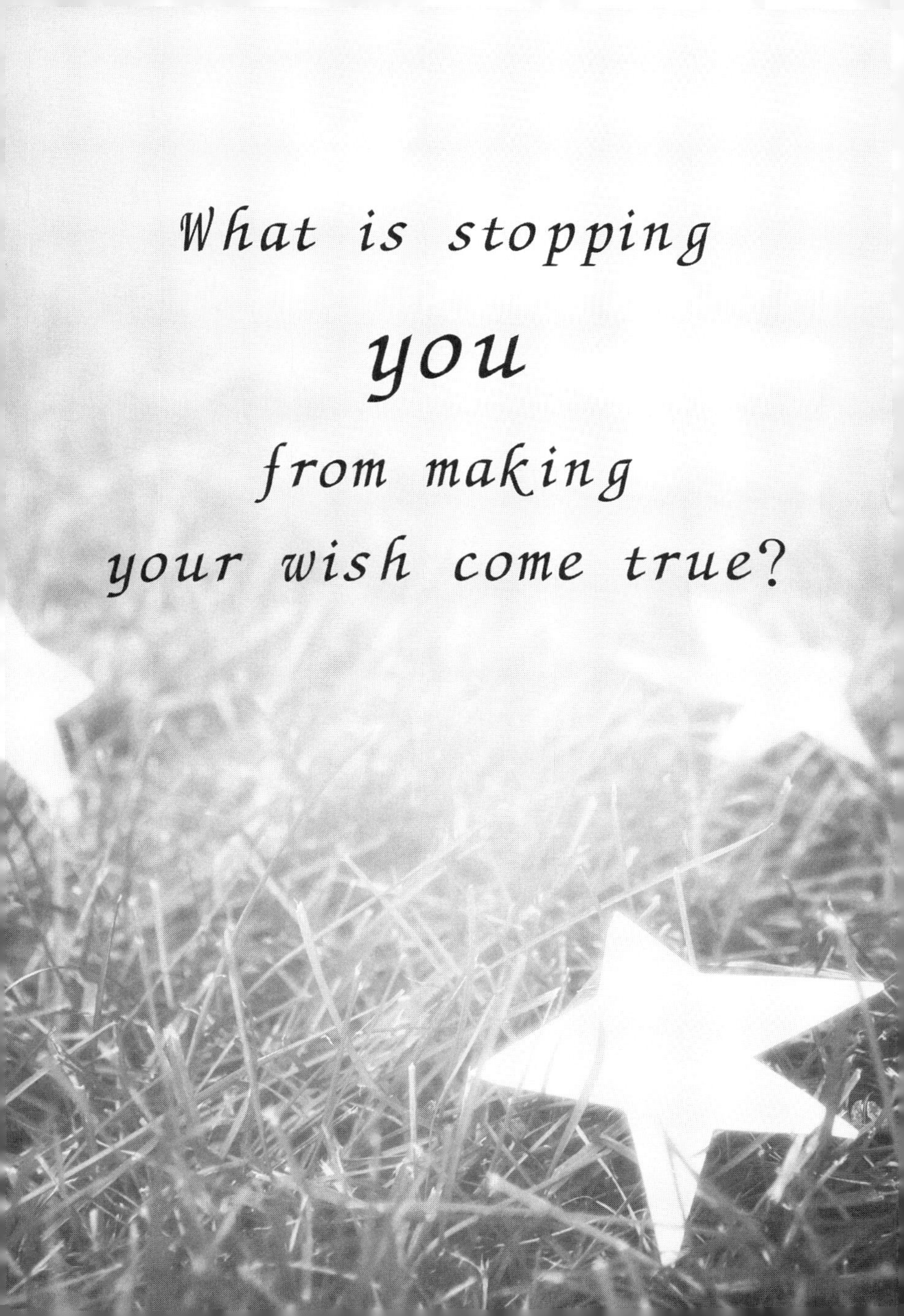
What is stopping
you
from making
your wish come true?

アイツらの正体とは？

パラレルジャンプしたいのに、いつも脳内であなたにブレーキをかける「アイツら」がいます。

この本を読んで「脳タイプを変化させる！」と思ったときにも必ず出てくるのが「アイツら」なのです。

あなたの理想の邪魔をするアイツら。

その正体は「エゴ」と「ホメオスタシス」です。

理想を叶えるためには、すばらしい方法やノウハウを実践するよりも前に、この「エゴ」と「ホメオスタシス」を攻略することが鍵になります。

エゴは、ご存知だと思います。

辞書的には「自我」や「自尊心」のことで、第2章で小姑のような先輩のお話をしましたが、この先輩こそが、あなたの脳内のエゴです。

そして、ホメオスタシス（恒常性維持機能）。

こちらは聞き慣れない言葉かもしれません。

辞書的には「外界が変化していても、体内の状態を一定に維持できる能力のこと」。

つまり「変化しない」という意味です。

ホメオスタシスは、「あなたが変化しないこと」＝「安心で良いこと」と思っているので、全力で変化しないようにしてきます。

脳内であなたにブレーキをかけるエゴには、どんなものがあるのかといえば、たとえば、「私は全然できていない」などと考えてしまう、自己否定・ジャッジのエゴがあります。

また、「早くなんとかしなきゃ！」といったあせりのエゴもあれば、「あの人はすごいなぁ」と他人と比較させるエゴもあります。

「ちゃんとやらなきゃ」という義務的なエゴもあれば、「あの人が〇〇だから、私が△△できない」といった他人を攻撃してしまうエゴもあります。

「上司がちゃんと指示を出してくれないから、私は失敗した……」

「彼がプロポーズしてくれないから、私は幸せになれない……」

こういった感じです。

この他にも「ものすごい成果や結果を出さなきゃいけない」という刺激のエゴなど、脳内にはたくさんのエゴが存在しています。

次ページに、よくある脳内エゴの特徴をまとめておきますね。

「私にあてはまるかも」というエゴが見つかるかもしれません。

脳内エゴの9大特徴

1	あせらせる	「今のままではダメ」「早く結果を出せ」「証拠を見せろ」とあおり立ててくる。
2	不安をあおる	「今のままでは幸せになれない」「変化できない」「うまくいかない」と、自分を孤独にしたり、無価値観でいっぱいにしたりする。
3	他人と比べる	他のうまくいっている人と自分を比べ出す。他人のように成果を出せていない自分はダメだと、人と比べて自分の価値を下げる。
4	自己否定・ジャッジ	「好きなことをする」「ゆっくりする」など、今ここの自分の気持ちに従っても罪悪感で自分を責め立てる。
5	過去を持ち出す	過去にうまくいかなかったこと、失敗して悲しい思いや恥ずかしい思いをした自分を思い出させ、希望や願望をあきらめさせる。
6	自暴自棄にする	「どうせムリだから〜」と自暴自棄になる。極端で過激な行動に出る。ギャンブル、アルコール依存、性に奔放になるなど。
7	身近な他人を攻撃	家族や友人など、自分の近くの人、メンターのせいで、自分はうまくいかないと他人を攻撃、批判する。
8	観念で自分を縛る(〜べき)	これまで生きてきた常識や観念で自分自身を縛りつける。
9	大きな結果・刺激を求める	小さな喜びや成果は認められず、「100万円もらう」「好きな人から高価な指輪をもらう」など、大きな結果や刺激がないと、自分を認められないうえに、満足できない。一発逆転思考もこのエゴに侵されている証。

あなたは、エゴにブレーキをかけられている？

あなたは、エゴにブレーキをかけられていると思いますか。

エゴにブレーキをかけられているかどうか、その見極め方をお伝えします。

エゴにブレーキをかけられているとき、エゴの声を聞いているときというのは、基本的にはイヤな気分なのです。

不安やつらさ、あせり、心配、否定（ネガティブ）があって、なんだかしんどいと感じています。

エゴは思考そのもので、自分でも気づかないうちに、自分や他人のアラを探したり、批判をしたり、責めた感じになりやすいのです。

また、こうしたときは、気づけているかどうかはさておき、身体にも力が入っています。
反対に、エゴのブレーキがかかっていないとき。
つまり、本当の自分でいるとき（魂の自分と一致しているとき）というのは、
基本的には、安心ややすらぎに包まれて、穏やかで安定した気分です。
自分や他人に対して、感謝や愛、やさしさを見出せるのも、エゴのブレーキ
がかかっていないときです。

ですから、ありのままの自分でオールオッケーする！

そう思っていたとしても、

「オールオッケーできない！」

「オールオッケーしたらイヤな気分になる」

こんなふうに思ってしまうのもエゴです。

この本でも、あえて何度も何度も「オールオッケー」という言葉を使ってきました。


では、思い出してみてください。

オールオッケーという言葉に、どこか抵抗感はありましたか？

気持ちがざわつきませんでしたか？

もし、抵抗感やざわつきを感じたなら、脳内はエゴに乗っ取られている状態かもしれません。


エゴに乗っ取られた状態では、仕事もお金も恋愛も結婚も、期待するような状況になることはありません。

必死にワークなどをしても空回りするだけで、うまくいかないのです。


それは、脳が苦痛系の状態だからです。

そして、エゴに乗っ取られていると、「安心」「やすらぎ」「自由」の3つがほしくなります。

わかっておきたいのは、エゴは思考でしかないということ。
つまり、幻でしかなく、本来のあなたではありません。

どこまでも生命力が強いゴキブリ！
ゴキちゃんのようなもので、本来のあなたではないのです。

だからこそ、あなたに湧き上がるエゴは、本来スルーしてオールオッケーなのです！

ただ、エゴに乗っ取られていると、乗っ取られていることにさえ気がつけないこともあります。

京都の幸子さん（仮名）は「かこさん、私はエゴってよくわからないです。乗っ取られているのかもわかりません」と言っていました。

よくよく話を聞いてみると、幸子さんは職場がつらくて辞めたい状態。昼休みにご飯を食べる時間もないし、苦手な経理の仕事を頼まれたけれど、他の人に聞こうとしても、みんな忙しそう。

自分だけ足を引っ張っている気がして、気が付いたらトイレに1回も行けない日もあったというのです。

そんな状態なので、家に帰ると疲れて何もできず、節約しないといけないのに総菜を買ってしまう……。

そんな自分がイヤで、ダイエットをしようと思っても朝起きられない……。

自分へのダメ出しやジャッジも含めて、かなりエゴに乗っ取られている状態だったのですが、幸子さんは、自分では自分に厳しいことに気が付いていませんでした。

どうしてエゴとホメオが出てくるの？

それにてしても、パラレルジャンプしようとすると、エゴが出てくるのはどうしてでしょう。

それは、エゴというのは、脳のクセだからです。

第1章でお決まりのパターンのお話をしましたが、脳の第一目標は、命を守ること。

現状を維持することが第一目標なのです。

現状を維持するというのは、「変化しない」ということ。

ピンと来ましたか？

そう！

アイツらのうちの、もうひとり。

ホメオスタシス（通称ホメオ）が、ここで登場してくるのです。
ホメオは、あなたを「変化させるもんか！」と現状に縛りつけています。

想像してみてください。
憧れの先輩とお付き合いしたいと、あなたは頑張っています。
それなのに、あなたの脳内では、

「先輩には他に好きな人がいるぞ！」
「お前よりも、あの子のほうが魅力的だぞ」

などとエゴが暴れているのです。

暴れているエゴにあなたがビックリしていると、今度はホメオがやってきて、
こう言うのです。

「な！　だから、あきらめな！」
「このまま、じっとしておけばいいんだ！」

エゴとホメオに邪魔されて、結局、先輩とはお付き合いできないまま。
こうして、「変われない私」が強化されていくのです。

・やりたいことがわからない
・使命がわからない
・現実が動かない
・ビジネスがうまくいかない
・パートナーシップがうまくいかない
・お金の問題がある

こうした状況は、エゴとホメオの２大コンビに邪魔されているのです。

ただ、脳の第一目標は現状維持することですから、エゴやホメオが出てくるのはおかしなことではなく、ダメなことでもありません。

正常な脳の働きなのです。

どれだけステージが変わっても、エゴとホメオは必ず登場します。

幸活のすすめ

「エゴが強すぎて動けません」

「ホメオを攻略したいんです！」

エゴとホメオの存在を意識しはじめた方から、このような相談をよくいただきます。

エゴとホメオは、どんな脳タイプであったとしても、必ず登場してくるものです。

「また同じことで夫と喧嘩しました」「またお金のことで言い合いになりました」などと同じパターンを繰り返すのは、それがまさにホメオだからです。

もし、日々のなかで左脳優位でエゴの声を聞きすぎて、あなたの魂が本当に望んでいることをわからなくなってしまっているなら、理想のパラレル、望みのパラレルを探す第一歩として、肉まんの皮を薄くしてみましょう。

「肉まん⁉」

急に肉まんと言われてびっくりしたかもしれません。
その反応は正しいです（笑）

理想のパラレル、望みのパラレルがわからなくなっているのは、肉まんの皮が厚くなりすぎて、中にある「肉」（魂の声）になかなか辿り着かない状態だか

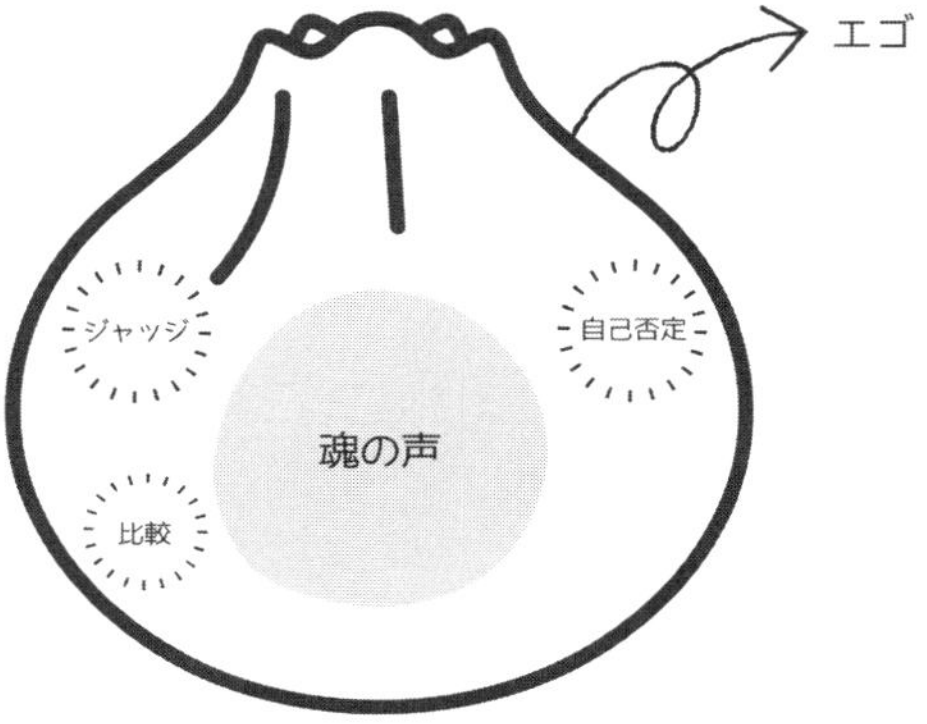

皮が厚いと魂の声が聞こえない……

らです。

肉まんの皮はエゴ。

エゴの声が大きすぎると魂の声が聞こえないので、自分が本当に何をしたいのかがわからない状態になってしまうのです。

肉まんの皮を薄くするために、私が提案しているのは「幸活」＝サチカツです！

幸活は、今この瞬間の自分の心がゆるんだり、うれしくなったり、楽になったり、ハッピーになったり、ときめいたりすることをオールオッケーしながら、実践していくこと。

実際、幸活をすると！

エゴの声が薄まり＝肉まんの皮が薄くなるので、「本当に望んでいることがわかった」という方が多くいます。

埼玉県に住む40代の美幸さん（仮名）は、職場の人間関係に悩んでいました。

上司が変わったことで職場の雰囲気が変わり、仲の良かった人も転職。

だんだん居心地が悪くなって、「転職したほうがいいのかな……」と悩んでいたそうです。

それで、美幸さんは

・会社から帰って来て、ホッとするためにココアを飲んであげる
・食べたいと思ったら我慢しないで、アイスを食べてあげる
・韓流ドラマやアニメを好きなだけ見ていい日をつくる

こんなふうに少しずつ幸活をしていくうち、

「本当はずっとパートナーがほしかった」

「あきらめたように振る舞っていたけど、本当は結婚したいと思っていた」
という本当の望みに気がついて、そこから3ヶ月であっさりと結婚されたのでした。

幸活で、自分の魂の声を一致させようとすると、エゴの声（肉まんの皮）が分厚くのしかかるかもしれません。

そんなときこそ、エゴの声を感じている自分をオールオッケーしてみてください。

そのうえで、心や体がやわらぐことを、あなたにしてあげてください。

エゴの声が薄まって魂と一致していくと、肉まんの皮が薄くなって、本当の望みや理想のがわかるようになっていきます。

大切なのは、エゴとホメオは必ず出てくるとわかったうえで、いかに味方につけるかです。

エゴとホメオを味方につけると、あなたは1000倍の力を発揮できるので、頑張らなくても、お金がなくても、知識や経験がなくても、パラレルジャンプできます。

陰に光を当てる陰陽逆転ワーク

私が昭和脳から解放されつつあったとき、自分を少しずつ認められるようになってはいるものの、本当に好きなことややりたいことは見つけられずにいました。

そこで、自分のなかの陰に光を当てるこのワークをやったところ、普段、自分が隠していたり、見て見ぬふりをしていた願望が出てきました！

方法

STEP1 「イヤだ」と思うことを書く

他人や状況に対して、「イヤだ」「受け入れられない」と感じることを10個書き出しましょう。

（例）

・自分より15歳以上、年上の「ブリッコしている先輩」

STEP2 心の奥にある本質を探る

そのことの何がイヤなのか、受け入れられないのか、心の奥にある本質を探ります。

（例）

ブリッコしている先輩のイヤなところは、

・仕事をしなくても許されると思っているところ

・ぜんぜん仕事をしていないのに、まわりの人から好かれているところ

昭和脳が強かった私は頑張らないで認められている先輩が羨ましかったのですが、当時は猛烈にその先輩がイヤだったのです……。

この場合の本質は、仕事を頑張っていないのに無条件で好かれている、愛さ

れている存在であることが許せなかったのです。

STEP3 その本質を自分に許す

頑張らなくても無条件で好かれること、愛される存在であることを受け入れ、許します。

具体的には、それまで私は頑張ったご褒美やうまくできたご褒美でしか、大好きなアイスを許可できなかったのですが、これ以降、何をしていても何もしなくても好きなときにアイスを食べるようにしました（笑）

イヤだと思う＝あなたの感情が揺れているわけですから、じつは、その奥に「隠れたあなたの願望」がある可能性があります。

（例）

目立つ人がイヤ

←　自己主張が強くて、うざい！

←　自分も思ったように、自分を表現してみたいという願望

チャラい人が苦手

←　要領よくて軽率でムカつく

←　自分ももっと楽に生きたいという願望

STEP 4　隠れた願望に基づいた小さなチャレンジ

本質を自分に許すために、隠れた願望に基づいた小さなチャレンジをしてみ

ましょう。

（例）

目立つ人がイヤだったのは、その人のように自分も自分を表現してみたいという願望だったとするなら……。

・自分の想いをインスタライブで語ってみる！

・自分の想いを表現する歌をステージで歌ってみる etc

このワークで得られるもの

自分が否定してきたものの中に、本当の願望が隠れていることがあります。

そして、あなたがその願望を満たしてクリアすると、苦手な人が苦手でなくなると同時に、あなたと同じように悩んでいる人にも、その抜け出し方をサポートできるようになります。

私でいえば、今でこそ本当の脳の使い方をお伝えしていますが、これは紛れもなく、ブリッコをして仕事をしない先輩のおかげです。

私自身の心の奥にあった本音（何もしないで無条件に認められて愛されたい）を見つけ、そこから抜け出したことで、そのノウハウややり方をお伝えできていると思っています。

まさに、陰が光へと転換されました。

第5章

エゴとホメオとの正しい付き合い方

エゴとホメオの正しい取り扱い

脳の使い方を変えるためには、現状の脳タイプを知ったうえで、理想の未来のパラレルを決めることが大切です。

それによって、願いを叶えている自分を設定できます。

ただ、想いが強ければ強いほど邪魔をするのが、エゴとホメオです。

テストでいつも60点の人がたまに90点を取っても、なぜか不安が出てきて、また60点に戻るように！

いつもお金がない人が臨時収入で１００万円を手にしても、なぜかまたお金がなくなってしまうように！

・同じパターンで仕事をやめる……。

・同じパターンでパートナーとケンカをする……。
・同じパターンでお金がなくなる……。

どんな脳タイプでも必ずエゴとホメオは出てきて、これらは脳に働いているだけでなく、環境や人間関係にも働いています。


ただ、繰り返しですが、エゴとホメオが出てくるのは正常な脳の働きです。

ですから、エゴとホメオを抹消しようとするのではなく、敵になるのでもなく、出てくるからダメと思うのでもなく、うまくお付き合いすることです。

つまりは、エゴとホメオの取り扱いをマスターすること！

これから、その方法をお伝えしますが、

「よくわからない！」

「やりたくない！」

などと抵抗感が出てもＯＫです。

そのエゴちゃんもあなたの一部なので、そこにいさせてあげてください。

そもそも、「なかなか変われない」「ずっと変わらない」というのも幻想なのです。

肌のターンオーバーが約６週間のサイクルで入れ替わるように、血液が１２０日のサイクルで入れ替わるように、あなたの身体で変わらないところは、じつはひとつもありません！


もし、頑張っているのにずっと同じ状態と感じるなら、お聞きします。

ヨガを習いはじめて３回目のレッスンで、「先生のようなコブラのポーズができないから、私は一生コブラのポーズはできないかも……」と落ち込みますか？

ピアノを習いはじめて３回目のレッスンで、「ベートーベンの『運命』を弾けないから、私はピアノを弾く才能がない！」と絶望しますか？

さすがに、ヨガやピアノの３回目のレッスンで、先生と比べて落ち込んだり、絶望したりしないですよね。

それなのに、願望実現となると、たった１回でもうまくいかないと、

「私は一生変われないかもしれない‼」

こんなふうに、「叶わない私パラレル」の沼に迷い込んでしまうこともあります。

そして、いろいろ学んで、いろいろ頑張ってきたからこそ、「なかなかうまくかない」「変われない」と落ち込んでしまうかもしれません。

でもそれは、ただただ本当の脳の使い方を知らなかっただけです。

エゴやホメオの取り扱いをわかってしまえば、本当の脳の使い方ができるようになるので、信じられないくらいあっさりと願いは叶っていきます。

ここからエゴやホメオの取り扱いについて、5つの攻略法をお伝えします。
全部をやろうとしなくても大丈夫！
「これならできるかも～」と思うところからやってみてください。

どの攻略法も再現性があるので、一時的ではなく、何度でも自由に願いを叶えられるようになりますし、ありのままの自分に自信を持てて、「何が起きても大丈夫」と安心感を持てるようになります。

そして、エゴトホメオとの関係が良くなっていくと、自分の人生が楽しくなるだけではなく、家族や大切な人、まわりの人のエゴやホメオをゆるめることもできるようになります。
つまり、まわりの人まで幸せなパラレルに導くことができるようになっちゃうのです！

攻略法1「構成要素変化ワーク」

どんな人にも、その人がその人であることを構成しているもの（構成要素）があります。

たとえば、趣味や仕事、価値観や役割などがありますが、これらを見直して、その影響度合いを変化させていくのが、攻略法の1つ目「**構成要素変化ワーク**」です。

東京にお住まいの鈴木花子さん（仮名）は、構成要素変化ワークをしてパラレルジャンプをしたひとりです。

まず、構成要素変化ワークでは、花子さんの日常を構成するものとして、「仕事」「両親」「役割」「夫・パートナー」「趣味」「価値観」「子ども」「住所」の8つについて、それぞれ書き出していきます。

次ページのような感じです。

1　仕事……介護士
2　両親……父：鈴木太郎　母：鈴木明子
3　役割……パートリーダー
4　夫・パートナー……片思いで、ときどきデートをする男性がいる
5　趣味……フラワーアレンジメント
6　価値観…独身でいると寂しい。結婚しているほうが望ましい
7　子ども……なし
8　住所……東京都

次に、構成する要素それぞれについて、どのくらい日常で影響を受けているか、あなたへの影響度合いを10点中で何点か点数をつけてみましょう。

1　仕事……介護士　10点
2　両親……父：鈴木太郎　母：鈴木明子　10点
3　役割……パートリーダー　10点
4　夫・パートナー……片思いで、ときどきデートをする男性がいる　10点
5　趣味……フラワーアレンジメント　6点
6　価値観……独身でいると寂しい。結婚しているほうが望ましい　8点
7　子ども……なし　0点
8　住所……東京都　8点

構成するものを書き出して、点数をつけてみると、
「親の影響が大きいな」
「この価値観は、今の自分にはもういらないいな」

「本当にずっと東京に住んでいたいのかな」

などと、新しい発見もあるかもしれません。

あなたの構成要素が全部同じ点数のままではパラレルジャンプできないので、構成要素を見直して、できるところから点数を下げて、現実をゆるましていく必要があります。

先ほどの鈴木花子さんは「もっと自由で、豊かなパラレルジャンプをしたい！」と望んだときに、

・いきなり仕事を辞めるというパラレルジャンプ
・東京からどこかへ引っ越すというパラレルジャンプ

これらは少々難しく感じたようです。

そこで、構成要素の影響度合いを下げていきました。

３　役割……パートリーダー　10点

リーダーだからと自分に厳しくしていたのを、「リーダーだけどまわりに頼るようにする」と、10点から６点へ。

４　夫・パートナー……片思いで、ときどきデートをする男性がいる　10点

忙しい彼にスケジュールをすべて合わせて、自分のプライベートの予定を決めていたので、「自分のやりたいことを優先しつつ、彼とのパートナーシップは余裕を持って楽しむ！」と、10点から7点へと変化させました。

構成要素を変えたことで余裕が生まれ、お友達からの「農業を一緒にしない？」という誘いに乗ることができ、新たな仲間もできて「そんなに農業が楽しいなら、千葉の畑を安価に貸してもいい」という提案まで受けたのでした。

花子さんはこの提案を受け入れ、その結果、以前からやってみたかった身体に良い無農薬レストランのカフェまでお手伝いすることになったのです。

話はこれで終わりません。

片思いの彼以外に夢中になることを見つけたら、なんと、その彼から正式に交際を申し込まれ、お付き合いすることになったのです。

「何年も同じところをグルグルしていたのですが、構成要素の変化ワークをして、自分が何に影響されているかわかったら、気持ちも楽になって、気が付いたらパラレルジャンプをしていました」と花子さん。

構成要素変化ワークは、大きなパラレルジャンプをしなくても、スムーズに次のパラレルへと導いてくれます。

また、初めてセッションでお会いしたときには「仕事を辞めて好きなことをやりたい」と言いつつも、そもそも自分がどんなことが好きなのかわからなかったのは、東京在住の直子さん（仮名）です。

直子さんも構成要素変化ワークをやって、お母様の影響が大きいことに気づきました。

それで、影響度合い10点だったお母様の点数を７点に引き下げるようにしたのです。具体的には、次のように変えました。

電話がかかってきたら絶対に出るようにしていた
←
電話は出たいときに出る

毎月泊まりで帰っていた
←
無理しないで日帰りする日もつくる

直子さんは、お母さんに関する価値観の構成要素を変化させたことで、余裕ができて、趣味の絵画のレッスンに通うようになりました。

そして、その絵画の先生の紹介で、カフェ兼ギャラリーに自分の絵を置いてもらえることになり、趣味ではじめた絵画から、自分の個展を開くという次の夢と理想のパラレルへと移行されています。

エゴとホメオとうまく付き合って、パラレルジャンプするために、現状の構成要素を変えてみましょう。

あなたは、どの構成要素から手をつけますか。

積み上げたジェンガのブロックを慎重に抜いていくように、一番動かしやすいところから、少しずつ動かして余白を作るのがポイントです。

現在のあなたを構成するものは？
それぞれの影響度合いは10点中で何点くらい？

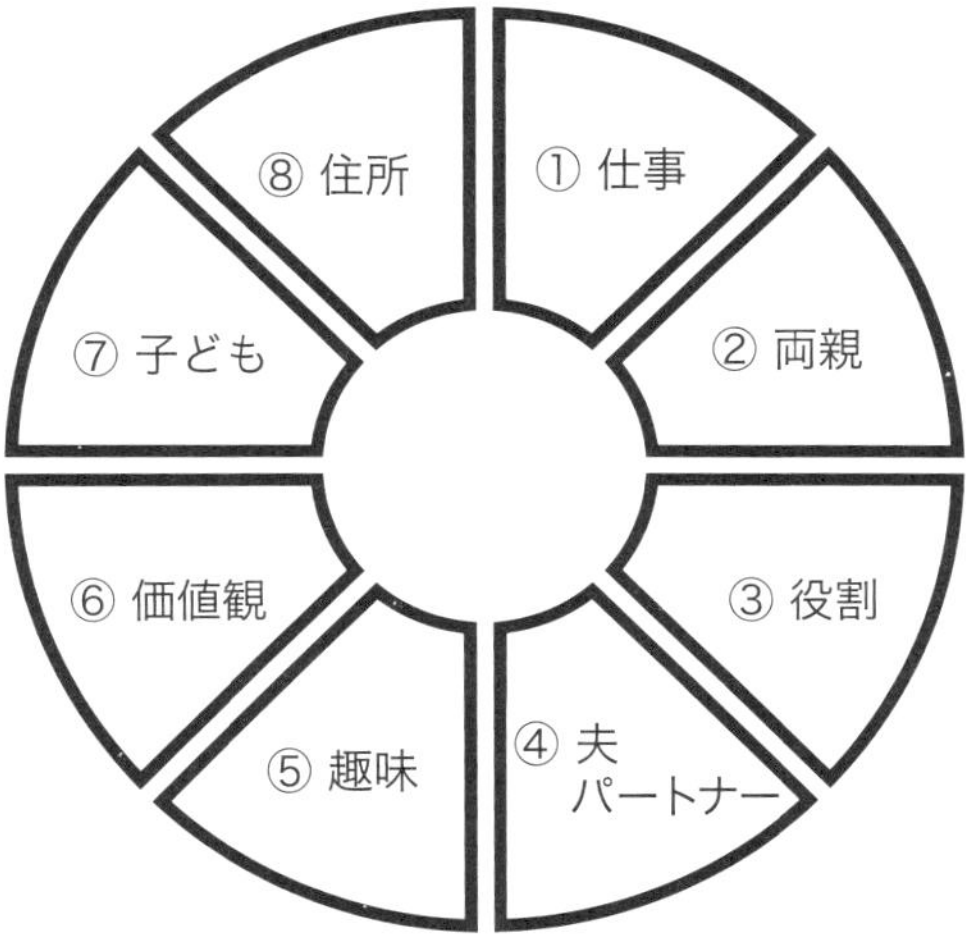

① 仕事＝　点	→	① 仕事＝　点
② 両親＝　点		② 両親＝　点
③ 役割＝　点		③ 役割＝　点
④ 夫 パートナー＝　点		④ 夫 パートナー＝　点
⑤ 趣味＝　点		⑤ 趣味＝　点
⑥ 価値観　点		⑥ 価値観　点
⑦ 子ども　点		⑦ 子ども　点
⑧ 住所も　点		⑧ 住所も　点

影響度合いを変えるとするなら？

攻略法2「エゴとホメオの擬人化」

攻略法の2つ目は「エゴとホメオの擬人化」です。

得体の知れないエゴとホメオにあなた独自の名前をつけてあげて、擬人化してみましょう。

擬人化することで俯瞰できるようになるので、エゴとホメオをあなた自身と分離できます。

さらにいえば、擬人化でエゴとホメオをあなたの最大の味方にすることだって可能です。

まずは、エゴとホメオにあなたなりの名前をつけてあげてください。何でもOKです！

●エゴの名前の例

・イケダ

・トニー

・クロちゃん

●ホメオの名前の例

・タナカ

・コニー

・ヨシオちゃん

名前をつけたら、次はどんな関係になるのかを考えてみましょう。

●関係の例

・文句を言いながらも応援してくれる関係

・背中を押してくれる関係
・お調子者の私にクールな意見を言ってくれる関係

どんな関係でも大丈夫なので、気軽に決めてみましょう。名前や関係を決めたら、次にエゴとホメオが登場してきたときに、会話をするように心がけます。


私の講座生で、大阪府でサロンを経営するエリさん（仮名）は、お仕事が休みになると、イケダ（エゴ）とタナカ（ホメオ）が
「サボるな！」

「売上は大丈夫なのか！」

「ＳＮＳを投稿してお客さんにＰＲするべきだ」

などと大騒ぎしていました。

あせりのエゴが大騒ぎするので、エリさんは「何かをやらないといけない」と、休みの日もリラックスできない状態。

講座を受けて、エゴとホメオに名前をつけてもらったときも「こんなことで本当に変われますか？」と半信半疑でした。

それでもあせりのエゴに「イケダ」と名前をつけてもらって、休みの日にイケダが騒ぎ出したら、

「イケダが言うこともわかるけどね、ちょっとゆっくりさせて。休んでから次のキャンペーンの準備をするからね」

などと声をかけて、そのままお昼寝するようにしてもらったのです。

そして、昼寝からすっきりと目が覚めたら、ふと！

次のキャンペーンのアイデアが降りてきて、ＳＮＳで発表したところ、初めて「継続コース」のお申し込みをいただいたのです。

信じられないかもしれませんが、本当の話です。

東京在住の会社員美穂子さん（仮名）の趣味は、韓流ドラマを観ること。

でも、休日に1日中、韓流ドラマと観ていると、

「何もしてないじゃん！」

「ダメじゃん、時間のムダ！」

「婚活しなくていいの」

などとエゴが暴れ出すのが日課になっていました。

「韓流ドラマは大好きなのですが、夜になると、時間をムダにしてしまったのでは……と不安になっちゃうんです」と美穂子さん。

講座を受け、美穂子さんはエゴに「トニー」と名前をつけました。

そして、韓流ドラマを観た後にトニーが出てきたら、

「トニーは私のことを心配してくれているのね。ありがとう〜。でも大丈夫。韓

流ドラマのように素敵なパートナーに出会うことは決まっているから、今は思う存分に好きなことをすると決めているの！」

そんなふうにトニーに声をかけたそうです。

そして、職場の韓流ドラマ好きの同僚とランチしているときに、その同僚の前の会社の同期を紹介してもらえることになり、見事！

その方とお付き合いをスタートされました！


京都府在住の久美子さん（仮名）は、人気のお蕎麦屋さんへ行ったのですが、長い時間、並んだわりに味は普通だったそう……。

そのとき、

「他の店にすれば良かった」

「いつも失敗するね……」

などとクロちゃん（エゴ）が話しかけてきたので、こう返事したそうです。

「そうね。たしかにクロちゃんの言うこともわかるよ。でも、ゆっくりできたからオールオッケー」

お蕎麦屋さんでゆっくりとした後に帰ろうとしたら、偶然、お店の入口で高校時代の友人に30年ぶりに再開。

それ以降、疎遠になっていた高校時代の友達と同窓会を開くなど、人間関係が広がっています。

エゴとホメオに名前をつけて、話しかけていく。
たったそれだけのことですが、これにより適度な距離感を保てるようになり、感情に飲み込まれることがなくなります。

そして、エゴやホメオの暴走がなくなるので、フラットにあなたの願いを叶えることにエネルギーを使うことができるようになります。

このワークは本当に効果的なので、エゴとホメオとうまくおつきあいするためにも、ぜひトライしてみてください！

攻略法3「ランダムウォーク」

ランダムには「無作為」という意味がありますが、ランダムウォークもこのイメージです。

起業や婚活、職場の人間関係や夫婦関係の修復、健康の改善。

こうした目標を設定して、順調にステップアップできれば良いのですが、そうならないと、落ち込んでしまうかもしれません。

エゴとホメオはとても賢くて、過去の経験や失敗を武器に、変化を引き留めようとします（自分を守ろうとする）。

これを逆手に取って、そもそも順調なステップアップを求めない、というのが、このランダムウォークの狙いです。

先に決めるのは、理想のパラレルやゴールだけ。

後は直観とときめきに従うのが、このランダムウォークです。

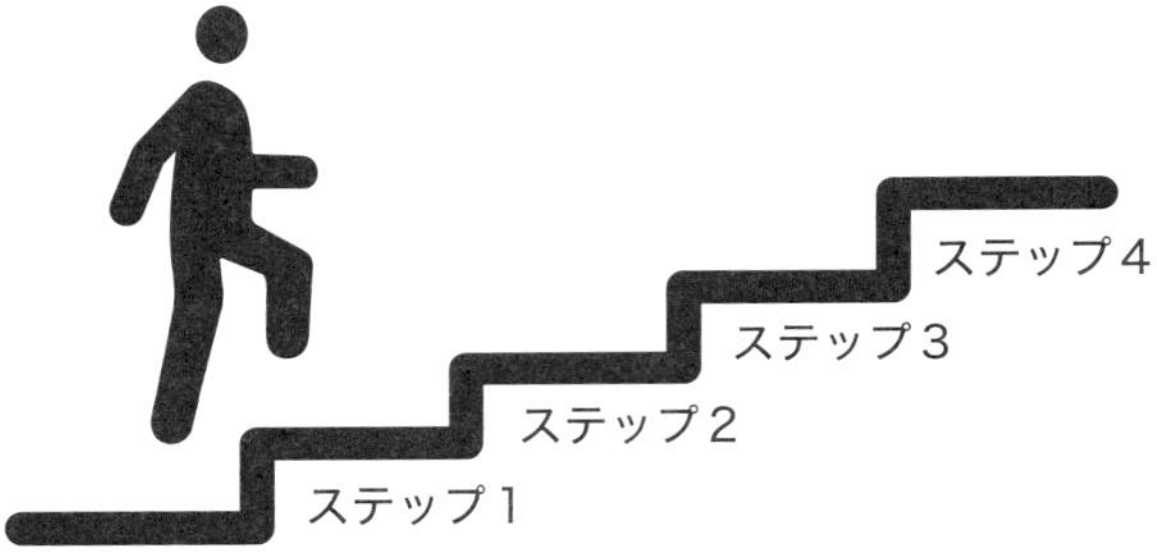

順調にステップアップできないと
エゴとホメオに邪魔されやすい。

ランダムウォークなら！

現状の外のパラレルゴール！

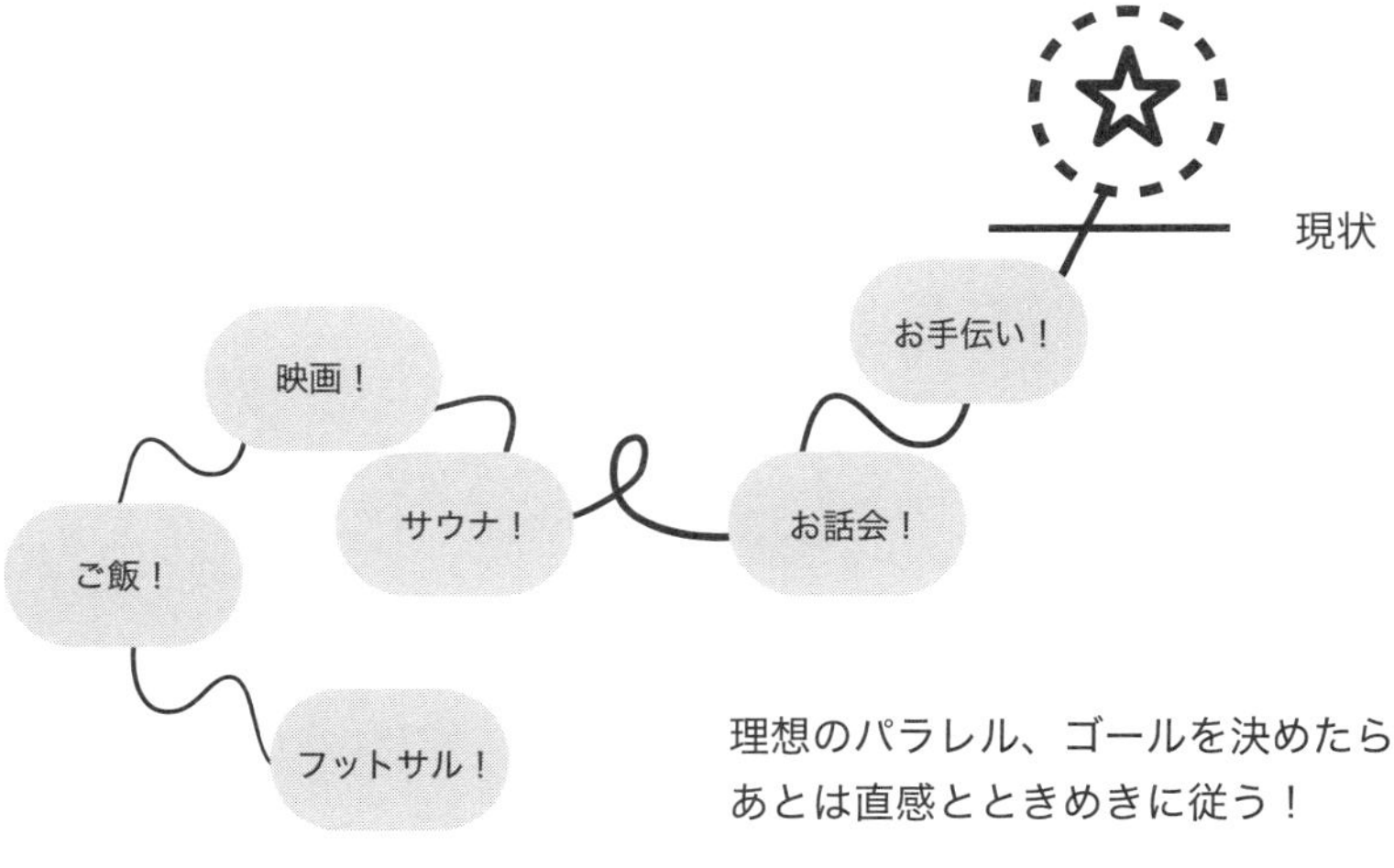

理想のパラレル、ゴールを決めたら
あとは直感とときめきに従う！

婚活をしてい滋賀県にお住まいの夕子さん（仮名）は、美容に励んだり、男性心理を学んだり、料理を習ったり、結婚に向けてステップアップできそうなことに時間をあてていました。

ただ、ステップアップしているつもりでも、なかなか出会いがないことで、だんだん婚活疲れしていたのです。


そこで、私は夕子さんに、ランダムウォークをすすめました。

まず理想のゴールを「自分に合う旅行好きで穏やかな人と出会って、幸せに過ごす」に決定。

それからは、そのときどきの直感で、東京に舞台を観に行ったり、好きな猫カフェに行ったり。

ステップアップではなく、直感に素直に従ったのでした。

そして、そんな日々を過ごしていたあるとき、大好きなＤＩＹの道具を探しにてホームセンターに行ったときのことです。

昔のバイト時代の同僚に何十年ぶりかに出会い、その同僚に今の旦那様を紹介してもらったのでした。

そして、お付き合いをスタートして、わずか2ヶ月で結婚！

まさにランダムウォーク婚です。

直感とときめきに従うのは、効率性から考えると、いっけん遠回りに思うかもしれませんが、じつはパラレルジャンプへの最短ルートです。

気をつけたいのは、しっかりと理想のゴールを決めること。

ゴールを決めないと、ただのウロウロになってしまうので、先に理想の未来を設定することが大切です。

たとえば「やさしくて、頼りになる人と結婚したい」というゴールを決めたら、あとは直感に従います。

「ラーメンを食べたい！」と思ったら行ってもOKですし、「ホットヨガをやるといいかも！」と直感が来たら迷わずやるだけ！

直感やときめきからはじめる行動は、ゴールに対して一貫性も関係性もなくてかまいません。

もし、理想のパラレルやゴールがわからないときには、「理想の脳タイプになったら、どんなパラレルがあるかな」と未来を逆さんして設定するのもＯＫです。

あなたは、どんな理想のゴールを設定して、ランダムウォークをスタートしますか？

攻略法4「フラクタル戦略」

フラクタルとは、図形の全体をいくつかの部分に分解したときに、全体と同じ形が再現されていく構造のこと。

私たちの血管の構造もフラクタルで、拡大していくと同じような血管の枝分かれ構造が繰り返し現れてきます。

この構造を活用するのが、「フラクタル戦略」です。

具体的には、理想のパラレルの自分がやっていることで、今すぐやれることだけをやるということ。


たとえば、理想のパラレルの自分はハイブランドのLouis Vuittonのバッグを持ってオシャレを楽しんでいるとします。

このとき、今すぐLouis Vuittonのバッグを買うことを目標にするのではなく、まず理想の自分がLouis Vuittonを選んでいる基準を深堀りしてみます。

たとえば、Louis Vuittonは、軽くて丈夫で、長く使うことで味も出て、オシャレという基準で選ぶなら、今のあなたが、バッグを選ぶときも
「機能的」

「軽い」

「長く使える」

という特徴でバッグを選ぶようにします。

理想のパラレルの自分が選ぶ基準で今選ぶ、ということです。

福岡県にお住まいの30代のモモさん（仮名）は、今は派遣社員で事務の仕事をしていますが、大好きな猫のグッズを集めた猫の雑貨屋さんと、保護猫と戯れる猫カフェをやりたいという理想を持っていました。

そこで私はモモさんに、「その理想のパラレルのモモさんは、日々どんな基準を採用していると思う？」と質問させていただきました。

「理想のパラレルの私は、大好きを基準に選んでいると思う」

モモさんは、そう答えてくれました。

ただその一方で、今のモモさんは日々の買い物でも「値段で選んでいる」「安さで選んでいる」のでした。

私は「今できる範囲でいいので、大好きで選んでみて！」とアドバイス。

モモさんはフルーツが大好きなのですが、節約思考でフルーツではなく、フルーツ味のゼリーを買っているとのことでした。

でも、フラクタル構造を取り入れて、1週間に一度は大好きなフルーツを買うようにしたのです。

モモさんは最初、「これが何につながるのだろう？」と思っていたそうです。

ところが、「大好き」を基準にフルーツを食べて幸せを感じているときに、以前の派遣先で一緒だった先輩から連絡があったのです。

「モモさん、猫が好きだったよね？　私の知り合いが、保護猫活動しているのだけど、これまでやっていた人ができなくなってしまって……。良かったら、モモさん参加してみない？」

そんなお声がかかり、月に２回、保護猫の活動をお手伝いすることになったのです。

「大好きなフルーツを食べていただけなのに、理想のパラレルに近づいているのがおもしろい！」とモモさん。

とてもイキイキと活動されています。

いきなり全部を理想の自分に変えようとするのではなく、理想の自分の一部を今この時点から取り入れていく。

これが、フラクタル構造を活用するということです。

理想のパラレルでやっていること、やっている基準で選ぶなら、あなたは何を取り入れますか。

モモさんのように、できることからやってみましょう！

第6章

パラレルジャンプする脳の使い方

未来パラレルアクセス

ここまで読んでパラレルワールドがあることは何となくわかったけど、

「私は昭和脳だと思うし、難しそう……」

「実際に脳タイプ診断をしてみたら、ブラック社長脳だったし、それでもパラレルジャンプできるかな？」

といった不安があるかもしれません。

そんなあなたに気がついてほしいのは！

「今のパラレルではないパラレルがすでに存在しているということ」

じつは、あなた自身のその想いこそが、パラレルがある証です。

どういうことかというと違うパラレルがあると思っているからこそ、「本当にパラレルジャンプできるかな？」という新しい不安が出ているのです。

だから、その不安は新しいパラレルがあることを、あなたが受け入れている証なのです。

この本を読みはじめたときのあなたと比べると、確実に、パラレルジャンプの準備が整っています！


ここからは、さらにパラレルジャンプするためにかつて昭和脳で、ブラック社長脳で、こじらせ女子だった私が実践して、超効果的だった方法をお伝えしますね。

それが！

「未来パラレルアクセス」です。

私は、自分ひとりだけのグループＬＩＮＥをつくって、未来のパラレルの自分とコンタクトを毎日取るようにしていました。

「え？　ひとりグループＬＩＮＥ!?」

と思うかもしれませんが、この方法を使うと気軽なカタチで未来の自分とコンタクトを取れます。

STEP1

まず、ひとりグループＬＩＮＥをつくります。

STEP2

この１つ目のグループＬＩＮＥでは、自分のなかで、どうやったら、そうなるかわからないような大きな夢や、未来に「こうなったら最高！」という望みのパラレルを書いていきます。

（例）
・月商１００万円
・好きなときに好きな場所に旅行に行けるようになる

・都内の素敵なホテルにいつでも泊まれるようになる
・旦那さんに溺愛されるパートナーシップ

STEP3

そして、その未来のパラレルの自分に聞きたいこと、ふとした思いをＬＩＮＥに問いかけていきます。


（例）

「月商１００万になった私って、いつも何を考えてるの？」

「素敵なホテルにどんどん泊まれちゃう方法を知っている人はいないかな？」

「海外に年に３〜４回は行けるようになりたいな〜。海があるハワイとか、アフリカの大地も行ってみたい」

これらは実際に私がひとりグループＬＩＮＥで書いていたことですが、こんなふうに疑問やつぶやきを書いて、未来の自分への問いかけを日課にしていました。

脳は問いかけをすると、必ず答えを出そうとします。

ですから、今の自分の頭で考えるのではなく、未来の自分に質問やつぶやきを投げかけるようにします。

すぐに答えが出なくても大丈夫！

必ず答えはやって来るので、どんどん質問やつぶやきをしましょう。

STEP 4

そして、さらにもう１つ、２つ目のひとりグループＬＩＮＥをつくります。

２つ目のグループＬＩＮＥでは、日常のパラレル設定を書いていきます。

(例)
・難しい仕事が意外と早く終わって帰りにひとりお茶をする
・苦手な上司との出張がスムーズに終わって、楽しく一日を終える
・人間関係が良くなって職場が心地良くなる

STEP5

さらに、このグループＬＩＮＥ（日常設定）でも問いかけるようにします。

「あのお気に入りのピアスはどこにあったの？」
「なんで職場の人間関係が良くなったと思う？」
「上司の意外な一面が見えたとしたら、どんな一面？」

ひとりグループＬＩＮＥ（日常設置）によって、実際、何を考えているかわからず、苦手だと思っていた上司と出張した際、「高校生の娘が口を利いてくれ

ない」「塾に迎えに行ったら、男子学生と仲良さそうにしていて心配になった」「彼氏なのかどうか聞けない」という超プライベートな話をしれくれたのです。

苦手だと思っていた上司もちゃんとお父さんをやっているんだと思うと、なんだか親近感も湧いてきて、そこまで悪い人ではないのかもと思えました。

意外な一面が見えたことで、その後の仕事もやりやすくなったのです。

STEP6

さらに、第4章でお伝えした幸活やオールオッケーも、ひとりグループLINEで記録していきます。

「今日は仕事で落ち込んだけれど、帰りにスタバに寄ってフラペチーノを飲んだからオールオッケー」

「実家から送ってきた野菜で料理を作ってお弁当に持って行った私！偉い！　両親にも感謝！　ありがたし！」

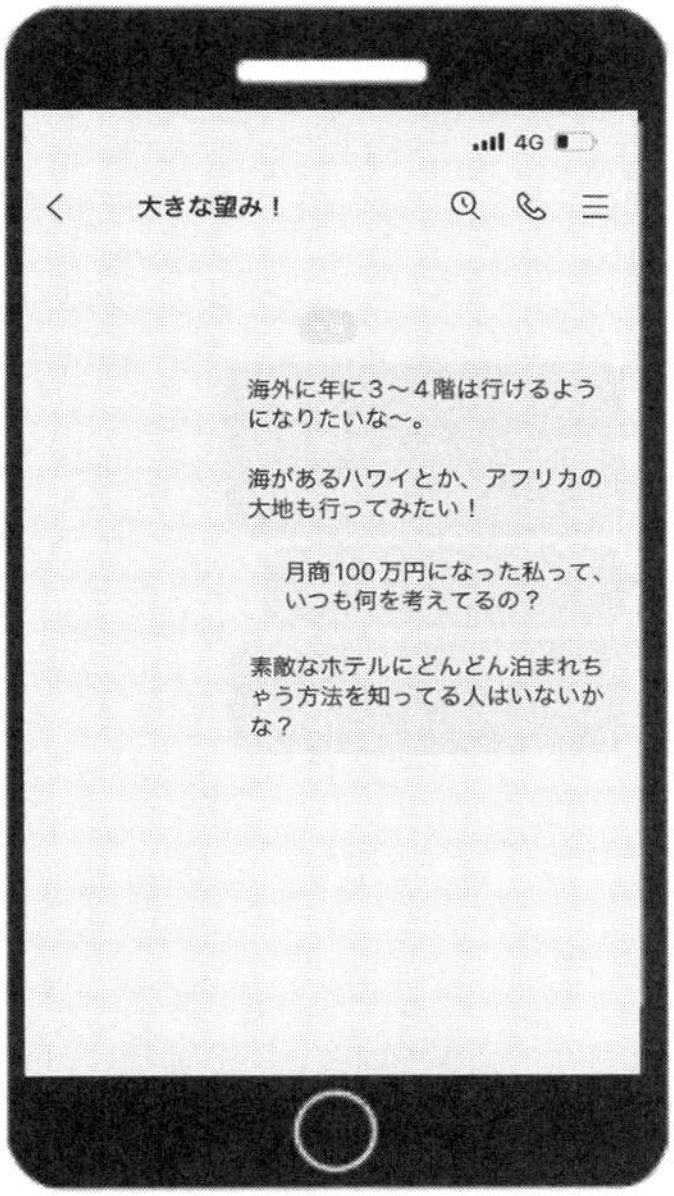

大きな望み！の
ひとりグループLINE

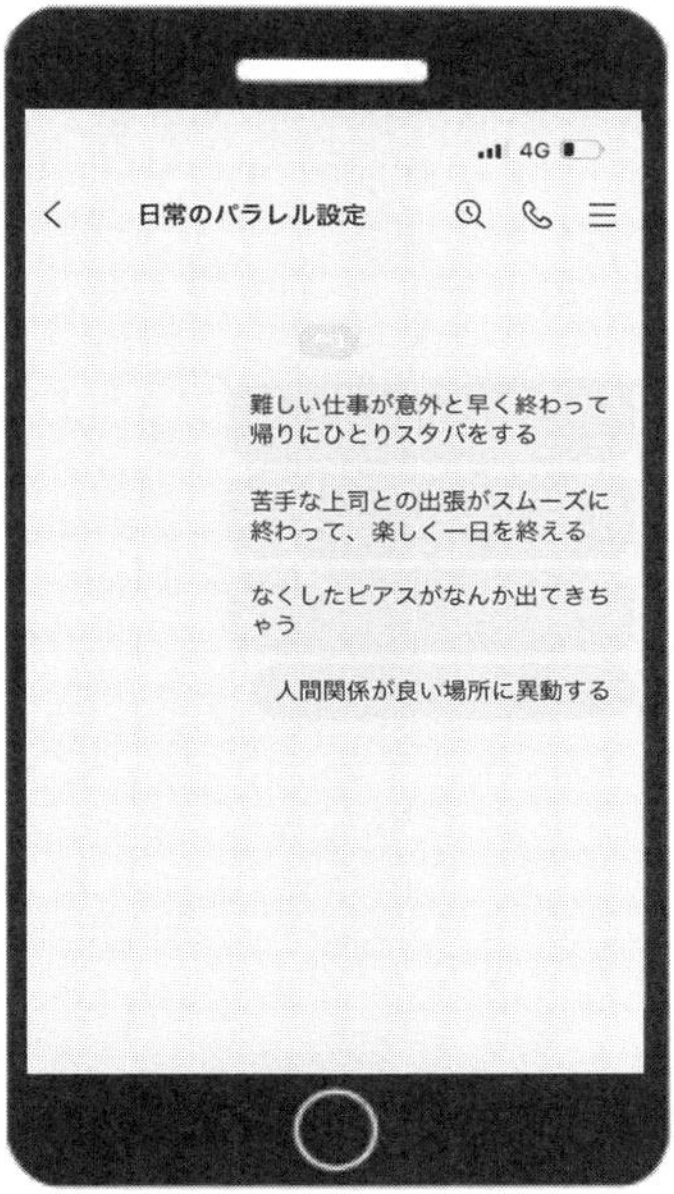

日常のパラレル設定の
ひとりグループLINE

ひとりグループＬＩＮＥの良いところは、それこそ、電車のなかでも、バスのなかでも、お昼休みにもできること。

私自身、落ち込んだり、イヤなことがあったりしたときにも「あのグループＬＩＮＥのパラレルがあるから大丈夫！」と思えるようになっていました。

それまではハイヤーセルフや能力者さんに答えを聞かないといけないと思っていたのですが、ひとりグループＬＩＮＥをつくることで「未来のパラレルの私に聞いてみよ〜」と、自分の感覚への信頼と安心感が生まれ、自分軸を養うことができました。

もともと昭和脳が強く、脳タイプ診断でいうと、自分に鞭を打ってダメ出しする「ブラック社長脳」が強かった私は、その当時、毎日遅くまで残業、頼まれたことにＮＯといえない、でも全然評価してもらえない……という状態でした。

ところが「職場で心地よく過ごす！」「上司とも穏やかな関係になる！」と日常のパラレル設定をして、ひとりグループLINEをはじめてみると！

残業もしないようにして、頼まれたことも「今はできません」と無理に引き受けるのをやめたのにもかかわらず、その後の人事評価では「本当によく働いてくれて助かっている」と言ってもらえました。

過去一番頑張らなかったときに　過去一番のボーナス評定を受けたことで、

「もしかして、パラレル設定したとおりの現実になってる!?」

とビックリを通り越したような気持ちでした。

それ以降は、どんどん現実をスルーして、パラレルジャンプしています。

しかもここでもっとも大切なのが、**現実スルー力**です。

・上司がこういう人だからムリ……
・彼はそういう性格の人だから……

などと、ついついこれまでの相手との現実を考えてしまうものですが、現実を考慮するのは、紐をつけるように重たくなるので、パラレルジャンプが難しくなってしまうのです。

だから、**現実は一切無視！**

理想のパラレル設定だけをするようにしましょう。

それがパラレルジャンプの近道です。

きれいな花火を「きれい」と感じる

未来パラレルアクセスについて、もうひとつお伝えしたいことがあります。

私がひとりグループＬＩＮＥ（大きな望み）に、目標の年商を設定したときのお話です。


その当時、どうやったら、その年商になるかはまったくわからなかったのですが、パラレル設定してみたら、なぜかスイスイ達成できてしまったのです。

まわりの友人からは「かこちゃんはいつもＳＮＳにスイーツと旅行の投稿しかしていないけど、いつ仕事をしているのか謎！」などと言われていました。

本当に頑張ったわけではないのですが、パラレル設定をするようになってからは毎年、年商が上がっていく現実になっています。


私は資産家ではありませんし、夫も社長ではありませんし、家にもともとお金があったわけでもありません。

いわゆる普通の女子代表です。

また、ＳＮＳの投稿も気持ちが乗ったときにしかできないので、経営のことを教えてもらっていた当時の先生には、

「あなたみたいな人は絶対に成功できない！
エネルギーが乗らないとできない、
というふざけた人は必ず失敗する‼」

と受講生全員の前で吊るし上げられたこともあります（苦笑）

さらに、私のやり方をマーケティングを徹底している方にお伝えすると、

「そんな打ち上げ花火のようなやりかたは、
怖くてできない！」

と言われます。

ただ私はいたってマジメに、本当の脳の使い方をしているだけです。

仮に緻密に計画を練って、きれいな花火を打ち上げるのがマーケティングと

するなら、きっと私のやり方は、打ち上げられたきれいな花火を今この瞬間、「きれい」と感じることだと思います。

このように、きれいな花火を心から味わって、今、この瞬間「きれい」と感じる本当の脳の使い方をすれば、緻密な計画がなくても、必要なチャンスやお金やご縁や人間関係が集まってくるので、誰でも自分の望むパラレルへジャンプをできます。そして、それには過去も現在も関係ありません。

そのことは、私自身の体験からも確信しています。

ちなみに、「あなたみたいな人は絶対に成功できない！」とお怒りだった先生は、その当時のことを忘れ、私のことをご自身の講座で「実績を出した生徒」として紹介しているそうです。

そのことを知人から聞いたときには、まさにパラレルジャンプだとビックリしました（笑）

過去も現実も関係ない！
ただ、本当の脳の使い方をするだけ。
だから、あなたも絶対に大丈夫！
今日から、未来パラレルアクセスをやっていきましょう！
やればやるほどコツを覚えて、パラレルジャンプがスムーズにできちゃいます。

第7章

本当の脳の使い方 Q＆A

質問1
脳タイプ診断をしたら、ブラック社長脳と出たのですが、お金を引き寄せしたいです。どうしたらいいですか?

ブラック社長脳さんは、まずマジメで頑張り屋さんの方が多く、自分にダメ出しをしたり、自己評価が厳しかったりする方が多いのが特徴です。

脳は入口と出口が一緒になるので、つらい状態でお金を引き寄せるワークなどをしても、厳しい現実が出口として現れ、結果として、お金の引き寄せに時間がかかってしまいます。

まずは、今ここで自分を甘やかしてあげましょう。

ゆっくりと休んだり、推しを見たり。

存分に好きなことをしてあげて、脳内を楽にフラットにしましょう。

質問２
もっとお金を引き寄せたり、臨時収入がほしいです。どのように脳を使ったらいいですか？

お金を引き寄せる力は誰にでもあります。

そして、本当の脳の使い方をすれば、じつは、お金は一番簡単なジャンル！

もし、今「お金が不足している」と強く思っているなら、注意が必要です。

それが入口となって、「お金が不足している」ことが現実化するからです。

だからこそ、あなた自身が「お金によって得られていることを」をあらためて数えていきましょう。

ささやかなことでかまいません。

たとえば、ケータイ代を払ってケイタイが使えていること！

推しのYOUTUBEをスムーズに見られること！

などなど、あなたがすでに満たされていることに気がつきましょう。

まずは、お金によって得られることに気がつく練習が必要です。

すでに満たされていることが前提になると、満たされた現実がアッサリとやってきます。

質問3
モブ脳ですが、私は本当に好きなことを見つけたいです。
やりたいことがわからないのですが、どうしたらいいですか？

モブ脳さんは、マジメで優しい方が多いので、自分よりも他者を優先することが多く、家族やお子さん、パートナーや上司、友達に振り回されてしまう傾向があります。

さらに、お金に振り回されてしまうことも多いのです。

他者基準の状態で、自分の好きなことを見つけるのは簡単なことではないので、まずは、今ここのあなたにお金を遣ってあげたり、今ここのあなたの食べたいものや、やりたいことをやって、それを少しずつしていくとやりたいことも見えてきます。

質問４
理想の恋愛をなかなか引き寄せられません。どうしたらいいですか？

まずは、あなた自身が自分のことを「理想の恋愛を引き寄せる人」と認識していますか。

じつは、そこが一番大切です。

あなたがあなたにどのようなラベルをつけているか、見直してみましょう。

ここで重要になるのが、自分のラベルをつけるのに、過去の恋愛や現在の状況を気にしないことです。

「私は当然、理想の恋愛を引き寄せ、幸せになる人」

というパラレルに旗を立てれば、確実に脳がそのパラレルへと準備をはじめます。

質問5
パートナーがいるのに、別の人が気になっています。
どうすればいいですか？

心を惹かれるのは、悪いことではありません。

むしろ、自分をさらに知るチャンスでもあります。

あなたがすでにパートナーがいるのに、別の人が気になっている理由は何でしょうか。

今のパートナーに足りない部分を埋めてくれる？

それとも、自分のほしいものをすでに持っている人だから？


気になること、好きな人がいること、それらはとても素敵なことです。

だからこそ、相手を気になっている本当の理由にフォーカスをあてましょう。

もしかしたら、自分のなかに「満たされていない部分」があるサインなのかもしれません。

そのうえで、自分の気持ちがどこから来るのかを冷静に感じてください。

新しい引き寄せを望む場合も、今ここのあなたの本音を知って、自分を満たすことからはじめるとスムーズです。

質問6
理想の職場や収入を得たいけど、現状から抜け出せません。どうしたらパラレルジャンプできますか？

現状から抜け出すためには、まず「現状から抜け出して、理想のパラレルへ行く」と宣言することです。

宣言のカタチは、心の中でも紙に書いても口に出してもかまいません。

先に決めてあげることで、あなたの脳がその理想に向かって、ご縁やチャンス、ヒントを集めてくれるようになります。

どうしたら理想のパラレルに行けるか、そのやり方がわからなくても良いですし、むしろわからないほうが良いくらいです。

なぜなら、脳は空白を埋めたがるので、あなたが細かく思い描けないなら、フリーにしておくほうがミラクルは起きやすいからです。

まずは、決めることからはじめましょう。

理想のパラレルがわからないなら、今よりホッとする職場、今より安心できる人間関係など、あなたの体感をベースに理想を決めていきましょう。

質問7
豊かさパラレルジャンプする現実的な方法が思いつきません。どうすればいいですか？

豊かさパラレルジャンプする現実的な方法は、脳の使い方にあります。まずは、

「お金がまるで噴水のように溢れている！」

「水道の蛇口をひねるくらい簡単にどんどんお金が出てくる！」

そのようなイメージからはじめてみましょう。

YOUTUBEやショート動画なので豊かさが溢れるイメージ動画などもあるので、ぜひ遊びながら見てみてくださいね〜。

遊びながらやるとエゴもホメオも無視できるので、気楽にＴＲＹしてください！

質問8
お金持ちになることに罪悪感があります。どうすれば克服できますか？

お金持ちへの罪悪感はまさにエゴそのもので、過去の教育や社会観念から来ることが多いのです。

でも、お金持ちになることは、あなたが誰かを助けたり、喜ばせたりする力を持つことでもあります。

「お金持ち＝悪」という前提から、新しい前提を採用していくタイミングです。

たとえば、お金は愛を広げる道具だと考えると、「私がお金を得ることは、まわりにも良い影響を与える」という新しい前提が生まれます。

お金持ちは、世の中に愛を広げる道具をいっぱい持っている人ですから、これなら素敵ですよね。

罪悪感を意識した今こそ、お金持ちに対する前提をアップデートするタイミングです！

ここをアップデートすると、お金持ちパラレルが近づいてきます。

質問9
音信不通な彼と復縁したいのですが、脳の使い方で、パラレルジャンプして復縁することは可能ですか？

はい、もちろん、可能です。

なかには、本当の脳の使い方をして、パラレルジャンプで10日で復縁された方もいます。

復縁パラレルジャンプの場合、次のことを意識してみてください。

STEP1

別れて傷ついた気持ちや落ち込んだ気持ち、さらに怒りや悲しみが残っているので、まずはその本音に寄り添って、癒してあげましょう。

それを見て見ぬふりをして、ムリにポジティブ解釈で復縁しようとすると、空回ってしまいます（脳内苦痛系状態、昭和脳＝ブラック社長脳なので）。

STEP2

自分が幸せパラレルに行くことを確定させましょう！

相手がどうこうの前に、まずはあなたが幸せパラレルを選択すると決めることです。

STEP3

相手のラベルを新たに貼り替えましょう。

これまでの彼のイメージを引きずったままだと、パラレルジャンプの重りになって時間がかかってしまいます。

あなたは彼に対して、無意識に次のようなラベルを貼っていませんか。

・彼は「いつも連絡が遅い人」
・彼は「頑固で自分を変えない人」
・彼は「何を考えているかわからない人」

これまでの関係のなかで、あなたが彼に対して思っているラベルを貼り替えます。

・彼は「いつも連絡が遅い人」↓「ベストなタイミングで連絡をくれる人」
・彼は「頑固で自分を変えない人」↓「慎重で誠実な人」
・彼は「何を考えているかわからない人」↓「一見とっつきにくそうだけどやさしい人」

ラベルの貼り替えは、ラインのメッセージを打ち直すくらい簡単にできます。

エゴは現実に貼り付くので、「そんなわけない」などとささやいてくるかもしれませんが、一切スルーするのがポイントです。

STEP4

これまでの彼との関係を一切無視して、望むパートナーシップを設定。

理想のパラレルへの旗を立てます。

ここで大切になるのが、やはり、これまでの関係性を持ち出さないこと。

「いつも私が連絡しないと、会う日が決まらなかった」など、これまでのことはスルーして、望むパートナーシップを設定しちゃいましょう。
そして、日々オールオッケーをして、幸活して過ごしてください。

質問10
夫との関係、彼との関係を変えたいです。もっとラブラブなパラレル設定をしたいのですが、脳の使い方で可能ですか？

20年間の家庭内別居で離婚寸前だった方が、本当の脳の使い方をして、愛される幸せなパートナーシップにパラレルジャンプしています。
ラブラブなパラレルジャンプは、次のようなステップでやってみてください。

STEP1

今の関係性になってから相手への失望や怒り、悲しみなどがあると思います。質問9の復縁のときと同じですが、まずはあなたのその本音に寄り添って、癒してあげることからはじめてください。

STEP2

これまでの相手との関係を一切無視して、望むパートナーシップを設定。理想のパラレルへの旗を立てなおします。

ここでも、これまでの関係性を持ち出さないことが大切です。これまでのことはスルーして、望むパートナーシップを設定します。

STEP3

望むパートナーシップをしているパラレルのあなたと、今のあなたの周波数を合わせましょう。

望みパートナーシップをしているときのあなたと、今のあなたの違いは何でしょうか。

たとえば、望むパートナーシップをしている理想のあなたは、いつも安心感があって、いつも笑顔だとしたら、今の自分をどうしたら安心、笑顔にできるかを考えてみましょう。

大げさなことでなくても大丈夫！

安心や笑顔を増やせることを考えて、「今、安心」「今、笑顔」になれることを、今のあなたが採用していきましょう（フラクタル構造）。

1％ずつで良いので、チャンネルを合わせていきましょう。

質問11
職場でどうしても苦手な人がいます。
脳の使い方で変化させることは可能ですか？

もちろん可能ですが、まずお聞きしたいことがあります。

・あなたはその職場が好きですか？
・ずっと働きたい場所ですか？

この質問に「はい！」の場合。
今の職場も仕事も好きだけれど、たまたま今苦手な人が一緒の場合、その人と良い関係にパラレルジャンプして、職場環境を良くするゴールへ向かうことは可能です。

この場合は、復縁と同様に、相手のラベルを変化させて、望む関係性に変化させることができるからです！

苦手な人のラベルを新しく更新していきましょう！


この質問に「いいえ！」の場合。

その職場も仕事も好きではなく、いつかは辞めたいけれど続けていて、たまたま働いて苦手な人がいるという場合は、さらに苦手な理由を掘り下げて、

①あなたに対して、あからさまにひどい言動を取る
②自分にはないけれど、他者へひどい言動で職場を乱す

などによって対応が変わります。

①その職場も仕事も好きではなく、ずっと働きたくもない場合で、さらに苦

手な人がいて、あからさまにあなたにひどい言動を取る場合。

そこにずっといつづけるために、脳の使い方をすることはおすすめしません。

あなたにひどい言動で、あなたも傷ついたりしている場合、それが改善されないのであれば、そこから抜け出すことです。

勇気ある撤退＝自分への愛なので、すぐにその場から離れること、辞めることをおすすめします。


今の場所しかないというのは、ホメオの現状維持機能による思い込みかもしれません。

あなたにもっとふさわしい仕事や職場は必ずあります。

今傷ついたりしているあなたをオールオッケーしながら、望む職場、どんな自分で働きたいかを設定をしていきましょう！

②その職場も仕事も好きではなく。ずっと働きたくもない場合で、さらに苦

手な人がいて、あからさまに自分にひどい言動はとらないけれど、他者へひどい言動で職場を乱す場合。

どうせいつかやめるなら、パラレルジャンプをして職場での人間関係を良くしてから、やめるという選択肢もありです。

その場で現実をスルーして本当の脳の使い方で望むパラレルを設定して、ありたい自分でいつづけるというのをゲーム感覚で実験してみてください。

また、その職場でいつかやめるのに、わざわざそんな実験したくないという感情が出るなら、もちろん、実験せずにその職場をすぐに離れることを選択してもＯＫです。

おわりに

本書をお読みになって、あなたはどんな理想を思い描きましたか。

・毎月、自由に旅行に行く！
・大好きなパートナーに愛されて幸せな結婚をする！
・海外で思いっきりスタイリングの勉強をする！
・自分の舞台をつくってコンサートをする！

思い描く理想は人それぞれに違っていると思いますが、パラレルジャンプした先のあなたは、間違いなく安心や幸せを感じているはずです。

なぜなら、本当の脳の使い方をすると、**安心を自家発電できるようになるから。**

安心を自家発電というのは、パートナーに愛を求めたり、上司に評価を期待したり、家族に自分の必要性を確認したり、そんなことをする必要などないということ。

そして、お金を稼いでいるとか、社会的な地位を得ているとか、ＳＮＳのフォロワーがたくさんついているとか、そんな状態でなくても満たされているということ。

今ここの自分を受け入れ、安心して、自分の人生を自由に切り拓いている状態です。


この状態になると、エゴとホメオの罠からも抜けやすく、目先のお金や人間関係に振り回されることもありません。

いつも安心状態の脳波で、入口（安心）＝出口（安心）という幸せのパラレルはどこまでも続いていきます。

ここまで、しつこいほどオールオッケーを繰り返し、脳についてお伝えしてきましたが、これまで頑張ってきた方こそ、脳を味方につけて、もっと楽に人生を歩まれてほしいと思っています。

本当の脳の使い方をすることで、１００％魂の願いを叶えることができますし、他の誰でもない、あなた自身を生きられるようになるから！

「もっと本当の脳の使い方を学びたい」と思っていただけたら、ぜひ、私のセミナーや講座にもお越しくださいね！

あなたの脳タイプに合ったパラレルジャンプの方法や、現状をまるで、オセロをひっくり返したように変化させ、

軽やかに♪

ぽーんと♪

願望が次々に叶ってしまうあなたの脳タイプにあった「本当の脳の使い方」

もわかりやすくお伝えしています。唯一無二の方法がマルっとわかっちゃいます〜。

また、パラレルジャンプを実験する無料コミュニティー「パラレル実験ラボ」も主宰をしているので、仲間がほしい人はそちらもおすすめです！

あなたはもっと楽に！
もっと簡単に！
1000％幸せになれる！
レッツ、パラレルジャンプ♡

最後になりますが、いつも支えてくれる両親、家族、親戚の皆様、見守ってくれるご先祖様たち、ありのままの私を全力で味方し応援、どんなときも愛してくれる夫。

大内笛跳さん、ＲＩＣＡさん、梯谷幸司先生、梯谷礼奈さん、ＭＡＣＯさん、秋吉まり子先生、声松優一先生。
福神ライブに登壇してくださった素敵な皆様。
シンクロニシティーカードの仲間のみんな。
開華トレーナーの皆さん、世界平和仲間の皆さん。
ソウルサウンドライアーの皆さん、一緒に歌を歌って合唱をしてくれた皆様。
いつも刺激や笑顔をくれる大好きな友人、先輩、仲間たち♡
講座生のみんな♡
講座卒業生さんたち♡
アリゾナから熱い応援・サポートをしてくれるヨシミちゃん♡
TEAMかこ（のりちゃん、りえっち、しーちゃん、みゆみゆ、うっち〜）、
カコカコ応援隊の皆さん♡

パラレルジャンプラボのみんな♡

そして、何より、ここまで読んでくれたあなた、本当に特大の愛と感謝を込めて、

ありがとうございます！

あなたの人生がここからますます愛と笑顔に包まれて、パラレルジャンプをすることを心よりお祈りしています！

２０２５年１月
藤田かこ